Lieutenant-Colonel HENNEBERT

LA Guerre IMMINENTE

(DÉFENSE DU TERRITOIRE)

PARIS
ERNEST KOLB, ÉDITEUR
8, RUE SAINT-JOSEPH, 8

Tous droits réservés

COLLECTION A 3 FR. 50 LE VOLUME

VIE MILITAIRE

Lieutenant-Colonel HENNEBERT

L'Artillerie moderne	1 vol.
Les Frontières de France	1 —
Les Armées modernes	1 —
La France sous les armes	1 —

Général THOUMAS

Causeries militaires	1 vol.

Lieutenant A. FROMENT

Qu'est-ce qu'un Officier?	1 vol.
La Mobilisation et la Préparation de la guerre	1 —
L'Espionnage militaire	1 —
24.000.000 de Combattants	1 —
Manuel des obligations militaires des Français dans l'armée active, la réserve, l'armée territoriale, conformément aux dispositions de la loi du 16 juillet 1889, suivi d'un index alphabétique et renfermant les programmes des examens des candidats aux grades de la réserve et de l'armée territoriale	1 —

LA
GUERRE IMMINENTE

OUVRAGES DU MÊME AUTEUR

HISTOIRE D'ANNIBAL. — En cours de publication. Deux volumes parus. — Paris, Firmin-Didot.

Cet ouvrage a obtenu, en 1886, une mention honorable de l'Académie française.

LES ANGLAIS EN ÉGYPTE. — Paris, Jouvet, 1884.

L'ART MILITAIRE ET LA SCIENCE. — Paris, G. Masson, 1885.

L'ARTILLERIE DE BANGE. — Paris, G. Masson, 1885.

LES ARMÉES MODERNES. — Paris, Librairie illustrée, 1886.

L'ARTILLERIE KRUPP. — Paris, G. Masson, 1886.

L'ÉCURIE HORIZONTALE. — Paris, G. Masson, 1887.

L'ARTILLERIE. — Paris, Hachette, 1887.

L'EUROPE SOUS LES ARMES, 4ᵉ édition. — Paris, Jouvet, 1887.

LA FRANCE SOUS LES ARMES. — Paris, Librairie illustrée, 1887.

LES TORPILLES, 2ᵉ édition. — Paris, Hachette, 1888.

L'AUTRICHE EN 1888. — Paris, Librairie illustrée, 1888.

NOS SOLDATS. — Paris, Librairie illustrée, 1888.

FRONTIÈRES DE FRANCE. — Paris, Librairie illustrée, 1889.

L'ARTILLERIE MODERNE. — Paris, Kolb, 1889.

LES INDUSTRIES DU CREUSOT — LE MATÉRIEL DE GUERRE. — Paris, Plon, 1890.

DE PARIS A TOMBOUCTOU EN HUIT JOURS. — Paris, Léopold Cerf 1890.

EMILE COLIN. — Imprimerie de Lagny.

Lieutenant-Colonel HENNEBERT

LA
GUERRE IMMINENTE

LA DÉFENSE DU TERRITOIRE

PARIS
ERNEST KOLB, ÉDITEUR
8, RUE SAINT-JOSEPH, 8

Tous droits réservés

LA GUERRE IMMINENTE

LA DÉFENSE DU TERRITOIRE

I

UN LENDEMAIN D'EXPOSITION UNIVERSELLE

L'Exposition universelle de 1859. — Un congrès international de la Paix. — Le système de la Confraternité des peuples. — Les adversaires du « parti de la Paix perpétuelle ». — Le Trocadéro, l'esplanade des Invalides et le Champ-de-Mars. — Le Pavillon du Ministère de la Guerre. — Le bon sens du public. — Imminence d'une invasion étrangère. — Causes accélératrices de l'événement fatal. — Exhibition des richesses de la France. — Statistiques allemandes. — Audaces de la presse reptilienne.

On a vu, de tout temps, se produire au grand jour les efforts de l'école philosophique qui, séduite par le rêve de l'abolition des guerres entre nations civilisées, prône imperturbablement les bienfaits de la paix, d'une paix aussi profonde qu'inaltérable. Elle n'est pas nouvelle, tant s'en faut, cette séduisante théorie de la paix universelle. Près de quinze siècles avant notre ère, le célèbre Conseil des Amphyctions formulait déjà sur la matière une proposition des plus sérieuses. Il n'y a pas longtemps que pareille question se posait à la tribune de notre Parlement. Et voici que, dès les premiers jours de notre Exposition universelle de 1889, il s'est tenu à Paris un *Congrès international de la Paix* (1).

(1) Ouvert le dimanche 23 juin au palais du Trocadéro, ce Congrès s'est tenu, du 24 au 27, en la Salle des Fêtes de la Mairie du VI⁰ arrondissement. (Place Saint-Sulpice).

Voici quel était le programme des questions à traiter :

« Étude de l'arbitrage international sous toutes les formes et dans toutes les applications que peut recevoir son principe.

« Traités d'arbitrage permanent entre deux ou plusieurs peuples.

« Application du principe de neutralisation aux fleuves, aux rivières, aux canaux de navigation fluviale et maritime, aux détroits, aux territoires, aux nations, etc.

« Application internationale du principe de fédération.

« Création, par l'initiative des Sociétés de la Paix, de collèges d'arbitrage.

« Introduction dans les universités, gymnases, lycées, collèges, écoles, etc. de cours d'arbitrage théorique et pratique.

« Réformes à introduire dans le droit international.

« Principes fondamentaux d'un code international.

« Étude, examen, discussion des moyens et des mesures qui peuvent progressivement substituer entre les nations l'état juri-

Nous ne savons rien de ce qui s'est passé au cours des séances de ce Congrès extraordinaire mais, en faisant un petit effort d'intuition, il nous serait, jusqu'à certain point, possible de restituer la physionomie des assises tenues par la docte assemblée.

Nous n'avons, d'ailleurs, à l'effet de toucher à la vérité vraie, qu'à feuilleter une anthologie spéciale des poètes du dix-huitième siècle, contemporains du célèbre abbé de Saint-Pierre.

La séance est ouverte.

Un membre dépose sur le bureau son petit projet d'abolition de la guerre ; il appelle de ses vœux les plus ardents la fin

. . . .
De ce temps où le genre humain,
La flamme et le fer à la main,
Ne travaille qu'à se détruire.

Il subit de longue date la tyrannie d'une idée fixe. Ce qu'il veut, c'est la paix... la paix à tout prix.

. . . .
La carrière d'Auguste a-t-elle été moins belle
Que les premiers exploits du premier des Césars ?
La paix fait nos souhaits. Quand la paix viendra-t-elle
Nous rendre tout entiers au culte des Beaux-Arts ?

diqu? à l'état de guerre ou de trêve et, finalement, rendre possible le désarmement. »

Applaudissements prolongés, concert de violents enthousiasmes. De toutes parts on demande la parole; de toutes parts éclatent des *Odes à la Paix*.

> . . . .
> La Paix, l'aimable Paix fait bénir son empire...
> . . . .
> Fille de l'Harmonie et mère des plaisirs...
> . . . .
> Son sceptre rend la terre en délices féconde.

Suit un contraste saisissant entre ces délices de la paix et les horreurs de la guerre.

> O siècles fortunés où la Forge innocente,
> Ne brûlant que pour rendre une moisson moins lente,
> Enfantait seulement des socs et des râteaux !
> Elle ne creusait point ces terribles métaux
> Dont on voit les mortels, insultant à la foudre,
> Faire voler la mort avec trois grains de poudre.
> On ne faisait amas que de blés et de vins,
> Mars n'avait pas encore bâti ces magasins,
> Ces affreux arsenaux, réservoirs de la guerre,
> D'où l'Enfer entretient commerce avec la Terre.

Nouveaux applaudissements.

Là-dessus, un oseur se demande à quoi rime l'institution des armées permanentes et, n'en découvrant nulle raison admissible, s'empresse de donner un bon conseil à toutes les armées de l'Europe.

> . . . .
> . . . . inutiles soldats.

> Laissez-là ces mousquets qui pèsent à vos bras !
> Allez, la faulx en main, dans vos gras pâturages.
> Couper votre luzerne et presser vos laitages.

Ces perspectives pastorales affolent les esprits les plus calmes et, sur-le-champ, donnent lieu à des motions étranges. Des orateurs émus demandent le licenciement en masse de

> Ceux que la gloire enchaîne à son char éclatant

Ils réclament le désarmement !... ce désarmement, ils le disent possible et comptent bien le voir décréter à brève échéance par les gouvernements de toutes les puissances du globe.

Et la séance est levée aux cris mille fois répétés de : *Vive la Paix !*

Rien de plus inoffensif que l'expression des vœux de ces pacificateurs convaincus. Malheureusement, ce ne sont pas seulement les membres d'un innocent Congrès international que les splendeurs de l'Exposition ont généreusement enivrés. Il s'est trouvé de savants publicistes, également atteints de lyrisme, qui ont bravement assimilé l'ouverture de ces grandes assises à celle de l'ère bénie, et depuis trop longtemps attendue, d'une confraternité universelle des grandes agglomérations humaines.

« Les barrières qui séparaient les peuples tombent, se sont-ils écriés, l'une après l'autre. La diversité des langues, les lignes de douanes, les exploitations jalouses des monopoles commerciaux, les difficultés qu'opposaient aux communications les montagnes, les fleuves et les déserts, tout obstacle aura bientôt disparu. Les habitants du globe ne seront plus, comme autrefois, divisés par des factions rivales et, le plus souvent, hostiles. Les nations — qui sont sœurs — s'embrassent !... elles s'embrassent pour disparaître ensemble et faire place à la grande Unité du genre humain. Oui, l'esprit le moins optimiste prévoit le jour où les prétendues frontières des peuples seront effacées pour toujours, où l'hydre infâme de la guerre et l'inqualifiable folie des armées permanentes seront anéanties devant l'essor glorieux de l'Humanité pensante dans la lumière et la liberté !... »

Nous ne nous attacherons pas à faire la critique de ce morceau d'éloquence, non plus qu'à discuter la valeur des espérances qu'il implique. Ce qu'il nous importe uniquement de noter, c'est qu'il est, de par le monde, des penseurs éminents qui se déclarent adversaires résolus du parti dit de la *Paix perpétuelle*. Armés de toute l'autorité de la science, ces observateurs sagaces ne croient pas qu'il soit possible de compter sur les ressorts de la perfectibilité humaine assez pour qu'on puisse en attendre la future abolition des luttes à main armée. Ils professent que la guerre est un phénomène anthropologique normal, universel et qui s'accomplit sans relâche à la surface du globe, de par cette raison bien simple que ledit phénomène a été prévu, voulu, ordonné par les lois générales du développement de l'activité humaine. Mais ne refoulera-t-on jamais ces instincts batailleurs? Ne peut-on les dompter? Non, répondent catégoriquement les ennemis des *Congrès de la Paix*. La lutte, la lutte ardente, incessante, implacable, voilà la destinée de l'homme! Destinée inéluctable, attendu que la permanence de l'état de guerre n'est qu'une conséquence fatale et nécessaire de la définition de l'humanité (1).

(1) Cette loi si dure, qui régit notre misérable humanité, est expliquée en ces termes saisissants par John Herschell (*Century Magazine*, octobre 1889): « Supposez que, au temps de Chéops, — il y a de cela trois mille ans — supposez qu'il existât un ménage qui eût vu doubler sa descendance tous les trente ans (durée

Cela est si vrai que, du fait d'une coïncidence étrange, et comme pour attester le caractère axiomatique de l'opinion des anti-congressistes, l'Exposition elle-même, ce type tant admiré des luttes pacifiques, a pris pour théâtre des merveilleux spectacles offerts aux yeux des visiteurs, quoi?... le Champ-de-Mars, l'Esplanade des Invalides et le Trocadéro.

Le Trocadéro!... c'est un nom qui rappelle une action de vigueur de l'armée française. On y accède par le pont d'Iéna, ainsi baptisé en souvenir d'une autre bataille.

Les Invalides!!... C'est l'asile de nos soldats mutilés. C'est là qu'est installé le musée d'Artillerie; c'est là que sont déposés les restes du plus grand capitaine du siècle, et peut-être de tous les temps.

Le Champ-de-Mars!!!... C'est un champ de manœuvres; c'est une scène faite exprès pour des revues de troupes en armes, un terrain affecté à la célébration de nos fêtes militaires. Cette plaine

---

normale d'une génération) sans avoir à compter ni *avec la guerre*, ni avec l'épidémie, ni avec la famine, mais seulement avec les causes ordinaires de mort naturelle. Le globe ne pourrait contenir sa population et, qui pis est, cette population devrait s'étager en rangs serrés, les uns montés sur les épaules des autres, jusqu'à une hauteur qui atteindrait approximativement cent fois la distance de la terre à Neptune.

« Voilà comment, conclut cruellement l'astronome, voilà comment j'ose plaider *en faveur de la guerre* (!) de la famine et de l'épidémie. »

historique est limitée au sud-est par l'*École militaire*. Or le majestueux édifice, chef-d'œuvre de Gabriel, a reçu l'affectation d'*École supérieure de guerre*, de pépinière de généraux.

Le site choisi pour l'Exposition de 1889 éveillait donc de toutes parts l'idée de guerre et non de paix perpétuelle.

Et dans l'Exposition même n'y avait-il pas un pavillon spécialement consacré à l'exhibition de tout ce qui constitue le matériel de guerre, de toutes les choses qu'un écrivain de grand talent appelle les produits de l' « industrie de la Mort? »

Comment se fait-il donc que de naïfs humanitaires aient vu poindre là l'aurore du premier jour d'un nouvel âge d'or?

Le public, lui, ne s'y trompait point. Il semblait se dire que cette Exposition universelle n'était peut-être au fond qu'une sorte de tournoi, prélude obligatoire d'une universelle veillée des armes et, dans cette disposition d'esprit, rien ne semblait lui offrir plus d'intérêt que la vue des objets témoignant des progrès de l' « art de tuer son semblable », comme disent les fanatiques amis de la Paix. Aucune région du Champ-de-Mars, aucune partie de l'Esplanade des Invalides ne recevait autant de visiteurs que le pavillon du Ministère de la Guerre. « Un aimant, remarquait alors M. Melchior de Vogüé, un aimant, y attire la foule. Nulle part ses flots ne s'engouffrent aussi épais... il en vient, il en vient!... »

Suivant cette foule au rez-de-chaussée du Pavillon, là où se trouvaient réunis des spécimens de divers gros objets du matériel de guerre moderne, l'observateur s'attachait à compter les pulsations des cœurs d'après l'air qu'y prenaient les visages. « Sur les physionomies, remarquait-il, apparaît une nuance d'expression qu'on leur voit parfois à la galerie des Machines : la stupeur!... Silencieuse, recueillie devant tant de choses redoutables, la procession défile lentement autour des engins nouveaux... elle défile sans s'arrêter, comme si elle accomplissait un rite, comme si les femmes de ces braves cultivateurs venaient consacrer aux Molochs de bronze ou d'acier les enfants qu'elles traînent à leur suite. »

L'observation est parfaitement exacte; et le fait observé, saisissant. L'explication en est, d'ailleurs, facile. C'est que, contrairement à l'opinion des théoriciens, des humanitaires et des membres de tous les Congrès de la Paix passés et futurs, nos populations françaises, pleines de bon sens, estiment que la guerre est toujours imminente et que, tôt ou tard, elle éclatera.

L'Exposition universelle de 1889 entraînera même vraisemblablement cette conséquence inattendue qu'elle aura été une cause accélératrice de grands événements inévitables; que l'invasion dont nous sommes menacés se déchaînera tôt plutôt que tard.

Pourquoi?

Parce que nous avons eu l'imprudence d'afficher notre puissance de production; de faire montre de certaine supériorité industrielle et artistique; surtout, d'étaler nos richesses aux yeux d'un monde de visiteurs jaloux... que disons-nous?... mordus par la dent de l'envie. Or de l'envie à la convoitise la distance n'est pas grande, et de la convoitise à l'invasion il n'y a qu'un pas.

Les passions malsaines dont nous signalons le réveil s'étaient déjà manifestées au début de l'Exposition de 1867. A cette époque, dit M. Haussmann, « la seule chose qui me parut éveiller sérieusement l'attention de M. de Bismarck -- au spectacle des grands travaux de Paris et à l'exposé du plan d'ensemble dont nous poursuivions l'accomplissement dans toutes les branches du service public -- ce fut l'énormité de la dépense. Il semblait uniquement préoccupé de la fécondité des ressources, de la puissance financière de ce peuple qui pouvait consacrer de telles sommes à la transformation de sa capitale et à ses « embellissements », comme on disait à cette époque. »

Les préoccupations de M. de Bismarck n'étaient pas de nature à demeurer stériles. Trois ans plus tard, la guerre éclatait.

Les choses vont-elles, cette fois encore, se passer comme celles du lendemain des fêtes internationales qui ont servi de prélude à la guerre de 1870 ? On se le demande. Ce qu'il y a de sûr, c'est que, sous prétexte d'apporter à la Tour Eiffel le tribut de leur admiration enthousiaste, des étrangers (1) sont encore venus soupeser les richesses de la France ;

(1) On dit que l'empereur Guillaume II est venu incognito à Paris pendant l'Exposition.

que, depuis lors, leur presse à gages s'attache à en exposer un tableau des plus alléchants, une statistique faite pour allumer un violent prurit au ventre de ses lecteurs.

Il faut les lire, ces journaux reptiliens.

« En fait de ressources matérielles, écrit l'un d'eux, la France est, nous ne saurions nous le dissimuler, au premier rang des grandes puissances. Ces ressources sont telles que l'Europe entière coalisée est à peine pour elle un adversaire sérieux. L'épuiser n'est pas chose facile. »

Ces considérations générales servent d'exorde à l'inventaire détaillé de nos ressources de toute espèce.

« La moitié des cinquante-deux millions d'hectares du sol français, poursuit la feuille reptilienne, soit vingt-cinq millions sont en terres labourables; près de cinq millions, en prés; plus de deux millions, en vignes; près d'un million, en vergers et jardins.

La France produit, bon an mal an, cent cinquante millions d'hectolitres de blé.

« En fait de bestiaux, elle possède près de cinquante millions de têtes, dont treize millions d'espèce bovine, vingt-cinq millions d'espèce ovine, trois millions de chevaux, huit cent mille ânes ou mulets. Elle pourrait nourrir cent millions d'habitants.

« Elle exploite cent vingt-deux mille carrières occupant près de cent mille ouvriers. A ne parler que de fer, elle extrait annuellement trente-cinq millions de quintaux métriques de minerais.

« Sa puissance industrielle ressort de ce fait — pris pour exemple — qu'elle consomme, chaque année, douze cent mille tonnes de fer et treize millions de tonnes de houille.

« Son commerce — tant d'importation que d'exportation — correspond au chiffre de huit ou dix milliards. Sa marine marchande ne compte pas moins de seize mille navires jaugeant ensemble plus d'un million de tonneaux.

« Quant à sa puissance financière, elle est considérable. Son budget s'élève au chiffre invraisemblable de deux à trois milliards.

« En 1871, les Français ont payé leur contribution de guerre avec une telle rapidité que nos troupes d'occupation n'ont pas, à proprement parler, interrompu leur marche de retour dans la direction de l'Est.

« A peine nous avait-on organisé des champs de manœuvres et autres accessoires du casernement qu'il fallut nous remettre en route, afin de rentrer dans notre pays avec nos cinq milliards.

« La suprématie monétaire de nos voisins de l'Ouest est absolument indéniable. En 1885, l'or et l'argent monnayés étaient évalués, pour tous les peuples du monde, à *trente-sept* milliards de francs, dont *dix-huit* milliards en or. Le stock monnayé de la France était alors de quatre milliards cinq cents millions. La monnaie d'or a toujours été la caractéristique des pays riches. La France est en possession d'une quantité d'or égale au quart de tout l'or monnayé du globe. Elle a, d'ailleurs, en caisse ou en circulation deux milliards cinq cents millions d'argent. Ce pays est donc le vrai « pays des milliards », et l'un de nos humouristes a pu affecter à l'une de ses dernières brochures le titre spirituel de *Voyage au pays des francs*. »

Elles sont surtout à méditer, ces arrogantes conclusions de la presse reptilienne :

« Elle est riche, la France, elle est richissime !... Nous avons été bien naïfs, en 1871, de ne lui demander que cinq milliards. Si la revanche lui tient au cœur et qu'elle ose, comme en 1870, déclarer la guerre à de braves gens qui ne demandent qu'à vivre en paix, ces gens sauront quel est l'enjeu qu'elle peut se permettre de risquer. Qu'elle se fasse battre encore une fois — comme la chose est possible et même probable — et nous exigerons une indemnité de guerre qu'elle est parfaitement en état de payer. Nous lui demanderons vingt-cinq milliards! »

Voilà les aménités qu'on nous prodigue au lendemain de l'Exposition, cet admirable concours pacifique dont le spectacle devait, au dire des Amis de la Paix, ôter à jamais aux hommes la funeste idée de se faire la guerre.

II

NOS VOISINS DE L'EST

Une brochure du colonel Stoffel. — Nous rendra-t-on jamais l'Alsace et la Lorraine ? — Le cliché des discours de M. de Moltke. — Deux articles du programme politique de Frédéric II. — Projets de conquêtes et d'annexions. — Projet d'absorption de la France. — Le « Rhin allemand » marié à la « Seine allemande ». — Extrait du carnet de notes d'un voyageur. — Digression ethnologique. — Eléments constitutifs de la race prussienne. — Caractères et instincts de cette race. — Opinions de Frédéric II, de Rostopchine, de Henri Heine, du colonel Stoffel et de M. Thiers.

Pour avoir raison du malaise général qui sévit actuellement sur l'Europe, il faudrait, disait il n'y a pas longtemps le colonel Stoffel, « que l'Allemagne eût l'incomparable sagesse de faire disparaitre la cause de cet état de trouble en rendant à la France les provinces qu'elle lui a prises. »

Cette sagesse, l'Allemagne l'aura-t-elle ?

Jamais.

Les Allemands, vient en effet de nous déclarer la *Gazette de Cologne*, les Allemands ne rendront l'Alsace-Lorraine à la France que s'ils y sont jamais contraints par la force. Cette déclaration dépourvue d'artifices n'est, d'ailleurs, qu'un écho fidèle de l'opinion professée par la majeure part de nos voisins de l'Est.

Chaque fois, par exemple, que le gouvernement impérial s'efforce d'arracher au Reichstag quelque nouveau sacrifice à l'effet de grossir le budget de la guerre et qu'il se heurte, au cours de sa campagne, aux objections d'une opposition récalcitrante, M. de Moltke aborde la tribune et dit tout simplement aux opposants : « Voulez-vous rendre l'Alsace et la Lorraine ? Alors ce serait différent. Vous pourriez faire de belles économies. Sinon... »

Ces paroles sont toujours irrésistibles et la loi de finance est enlevée à une énorme majorité de votants qui ne peuvent s'empêcher de reconnaître, avec le vieux feld-maréchal, les mérites de l'adage : *Beati possidentes !*

Les membres du Parlement n'ont, d'ailleurs, pas oublié la maxime du *Grand Roi*. « Sachez, disait Frédéric II, sachez que, en fait de royaume, l'on prend quand on peut, et l'on n'a jamais tort que quand on est obligé de rendre. »

Frédéric a encore édicté d'autres préceptes, entre autres celui-ci :

« Le premier principe de la politique de l'État consiste à se conserver et, suivant les circonstances, à *s'agrandir*.

« Ayez de l'argent. Donnez un air de supériorité à vos troupes. Attendez les circonstances.. et vous serez assuré non pas de conserver vos États, mais de les *agrandir*.

« Il y a de mauvais politiques qui prétendent qu'un État qui est arrivé à un certain point ne doit plus penser à *s'agrandir*... il faut toujours tenter et être bien persuadé que tout nous convient. »

Fidèles observateurs des articles de ce programme, nos voisins de l'Est entendent non seulement *se conserver*, c'est-à-dire garder nos deux provinces, mais encore *s'agrandir* à nos dépens.

Que lit-on, en effet, dans les journaux reptiliens ? Ceci, par exemple :

« Lors de la prochaine guerre, il s'agira d'arracher à la France la *Burgund* (Bourgogne) et la *Freigrafschaft* (Franche-Comté), deux provinces *presque aussi allemandes* que l'Alsace et la Lorraine. Oui, la Franche-Comté appartient de droit à l'Allemagne, attendu que, du temps de Jules César, le Germain Arioviste a conquis ce pays sur les Gaulois Séquanes. »

L'Histoire ouvre, on le voit, de jolies perspectives à des avidités invraisemblables.

Quelques gourmands se proposent même d'annexer à ces deux provinces *quasi-allemandes* (!) nos départements des Ardennes, de la Marne, de la Haute-Marne et de faire de cet ensemble un *Mittel-Reich* (royaume du milieu) destiné à faire office de tampon entre la grande Allemagne et la France amoindrie.

D'autres publicistes vont considérablement plus loin. « Peut-être, disent-ils, serons-nous obligés, à notre grand regret (!), de faire encore d'autres annexions. Peut-être notre destinée découvrira-t-elle d'autres horizons offerts à notre essor civilisateur, de nouveaux champs de gloire à l'expansion de notre activité féconde. Les meilleurs esprits de l'Allemagne ont eu l'intuition de cette conquête indispensable au *besoin d'agrandissement* de l'empire. Ce que nous voulons avec eux, c'est une porte de sortie sur l'Atlantique ; ce qu'il nous faut, c'est la vallée de la Seine, c'est le nord de la région gauloise jusqu'à la Loire !... Que la France consulte ses livres Sibyllins !... Elle y lira le sort que l'avenir lui réserve ; elle y trouvera la bonne aventure de sa germanisation fatale. Au « Rhin allemand » nous marierons, bon gré mal gré, la « Seine allemande ».

Et cette union mal assortie ne doit pas tarder à se conclure, s'il faut en croire un des visiteurs de notre Exposition universelle. Ce touriste prussien vient d'insérer dans ses Impressions de voyage ces mots aussi réjouissants que naïvement perfides :

« Quand on quitte ce pays (le nôtre), on emporte une impression de tristesse. Il est évident que la France est appelée à disparaître de la carte politique de l'Europe. Avant peu, de graves événements surgiront et le drame, commencé en 1870, aura son dénouement. »

Et, après le vinaigre, ce miel désopilant :

« Que les Français prennent donc pour souverain l'empereur Guillaume !... Ce serait là le meilleur moyen de sceller la paix entre deux peuples qui n'en feraient plus qu'un. La France échapperait ainsi au désagrément d'avoir à céder des provinces ; et les contributions de guerre qu'elle aurait à payer, elle se les payerait à elle-même. Cette conjonction des deux pays aurait pour effet d'opérer une renaissance du siècle de Charlemagne, car l'empereur Guillaume, souverain de premier ordre, rendrait ce nouvel empire le plus puissant de l'univers. »

Voilà de quelles idées sont hantés les cerveaux allemands !... Pardon, nous voulons dire prussiens, car il est scientifiquement établi que les Prussiens ne sont pas de sang allemand.

Quoi qu'on ait dit à ce sujet, il est aujourd'hui hors de doute que lesdits Prussiens n'ont jamais eu avec les populations germaniques d'autres rapports que ceux de race conquise à race conquérante, et réciproquement. Il convient de résumer ici la démonstration de ce fait ethnologique trop méconnu.

L'histoire physique de la Prusse est celle de toutes les régions continentales qui s'étendent au sud et au sud-est de la mer Baltique. Le sol de ce pays fait partie d'une plaine immense dont le versant nord est formé de sables et semé de blocs erratiques descendus des Alpes scandinaves. Là, un limon argileux a fertilisé le terrain par plaques — isolées à la manière des oasis — mais il n'a pas touché à de vastes espaces que couvrent des landes stériles — landes qu'un travail opiniâtre peut seul transformer en champs cultivés.

Ce territoire n'est donc pas riche. Frédéric II ne se faisait, à cet égard, aucune espèce d'illusions. « De » mes États, disait-il, un grand tiers est en friche ; » un autre tiers est en bois, rivières et marais ; le » tiers qui est cultivé ne rapporte ni vin, ni oliviers » ni mûriers. Les fruits et légumes n'y viennent qu'à force de soins... »

D'où il suit d'abord que, ne trouvant que très difficilement chez eux des moyens d'existence, les habitants de ces terres ingrates devaient être instinctivement enclins à la rapine, aux razzias, à la spoliation de leurs voisins.

Quels étaient-ils, les premiers occupants des tristes contrées que baigne la Baltique? Ils appartenaient à ces races finnoises qui se rattachent, pour la plupart, à la branche *allophyle* du tronc blanc, dont la science nous montre aujourd'hui les descendants établis en Esthonie, en Livonie, en Courlande, toutes régions où les populations actuelles portent encore profondément empreint le cachet du type de l'homme quaternaire, c'est-à-dire du bimane européen contemporain de l'éléphant et du rhinocéros.

La formation humaine à laquelle est dû le premier peuplement du sol de la Prusse ne devait pas se perpétuer intacte et pure de mélanges. Cette région du nord eut à subir, aux premiers temps historiques, les effets de l'invasion d'une autre branche du tronc blanc, de celle qu'on nomme *aryenne*. On voit alors la race germanique occuper le Hanovre, le Holstein et une partie du Mecklembourg, tandis que les Slaves possèdent en entier le bassin de la Vistule. Les deux races — germaine et slave — se limitent mutuellement à l'Oder.

Somme toute, observe M. de Quatrefages, des Finnois et des Slaves « tels ont été, jusqu'au dou-
» zième siècle de notre ère, les seuls éléments
» ethnologiques qui apparaissent dans toute la
» région qui s'étend de l'Esthonie au Mecklem-
» bourg. Quant à l'élément germanique, il n'ac-
» cuse sa présence par aucun signe appréciable, et
» l'Histoire est absolument muette à cet égard. »

Vers les premières années du douzième siècle, cet état de chose tend à se modifier considérablement. C'est l'époque de l'expansion du zèle religieux et du prosélytisme à main armée. Une croisade contre les *Prutzi*, païens des bords de la Baltique, est entreprise et se poursuit avec vigueur. Les chevaliers allemands *porte-glaives*, les *Frères de la Milice du Christ*, les chevaliers de l'*Ordre Teutonique* se partagent sans scrupule les terres conquises sur ces *Prutzi* et, dès le commencement du quinzième siècle, ils sont maîtres incontestés de l'Esthonie, de la Livonie, de la Courlande, de la Samogitie, de la Prusse, de la Pomérellie et de la Nouvelle-Marche.

Au cours de leurs luttes contre les Prussiens idolâtres, les chevaliers de l'*Ordre Teutonique* étaient soutenus par des colons qu'ils appelaient à eux de toutes parts, mais surtout d'Allemagne. Eux-mêmes étaient Allemands et, partout où les conduisaient les hasards de la guerre, ils imposaient, en même temps que la religion chrétienne, leur langue et leurs lois nationales. C'est ainsi que la race germanique sut pénétrer au cœur des populations slaves et finnoises. Voilà comment l'allemand, la langue des vainqueurs, déposséda peu à peu l'idiome des vaincus et finit par en restreindre l'usage aux provinces d'Esthonie, de Livonie et de Courlande.

On sait l'origine du royaume de Prusse. Moyennant 400,000 florins d'or payés à l'empereur Sigismond, Frédéric de Hohenzollern obtint la marche de Brandebourg et la dignité d'Électeur. Un de ses descendants, Albert, grand-maître des chevaliers Teutoniques, prit parti pour la Réforme et *sécularisa*, en 1525, l'ordre militaire qui l'avait choisi pour chef. Il fut, de ce fait, reconnu duc héréditaire de Prusse sous la suzeraineté de la Pologne. Plus tard, en 1700, l'empereur Léopold concéda à l'électeur de Brandebourg le titre de roi qui lui fut confirmé, en 1713, par le traité d'Utrecht.

Trente ans avant la consécration diplomatique de cette monarchie nouvelle, une grande faute de notre roi Louis XIV avait eu cet effet, assurément étrange, d'infuser au sang prussien quelques gouttes de sang gaulois. Le fait de la révocation de l'édit de Nantes (22 octobre 1685) avait arraché du sol de la France nombre de familles protestantes auxquelles — par son édit de Potsdam, publié huit jours après (29 octobre) — le roi de Prusse s'était empressé d'offrir une nouvelle patrie. Il y a donc aujourd'hui des *français de Prusse*, vivant de la vie de leurs compatriotes d'origine finnoise, slave ou germanique.

Ainsi s'est constituée la race prussienne. Elle résulte du croisement de deux souches indigènes — finnoise et slave — avec deux éléments étrangers : allemand et français ; mais la fusion de ces quatre

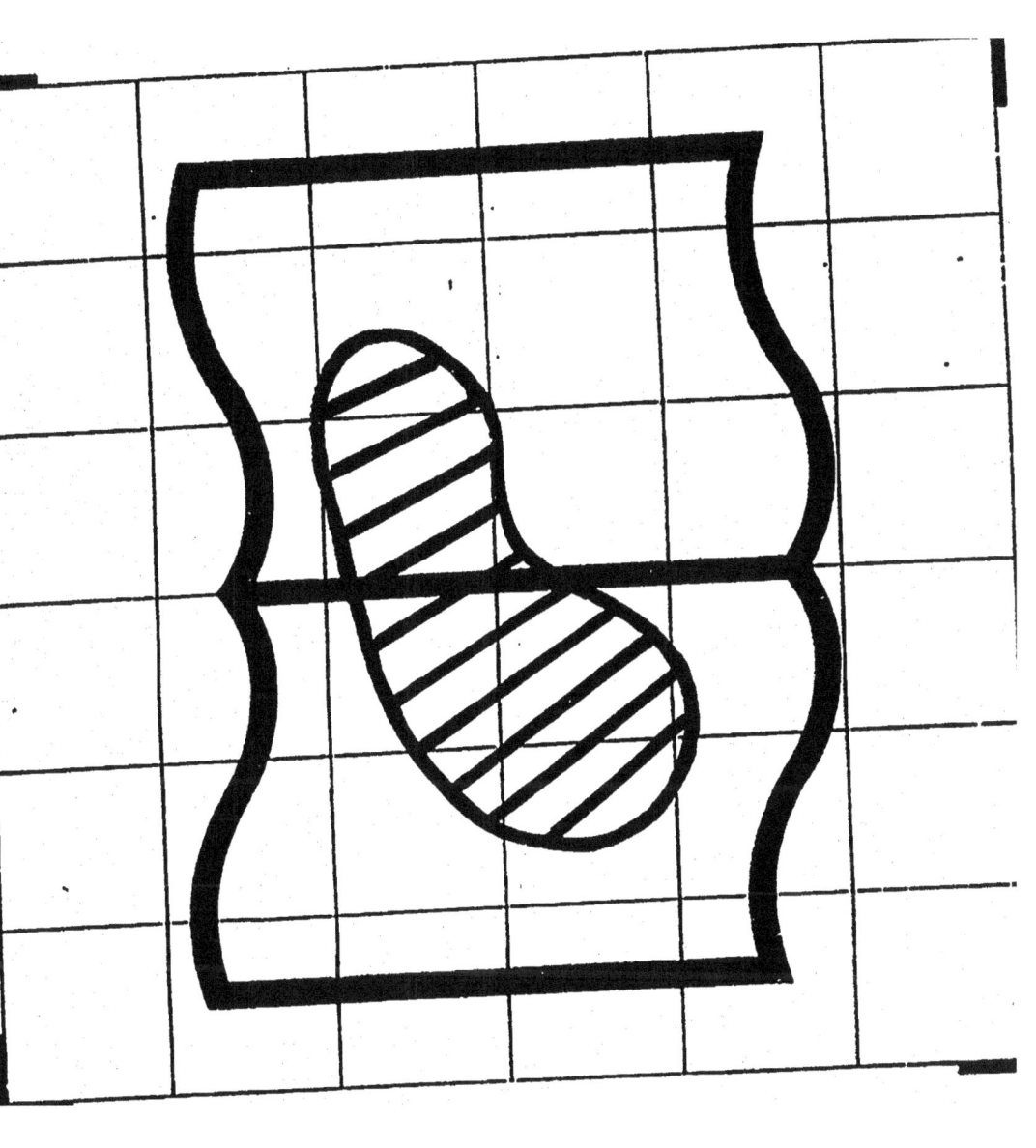

parties constitutives est encore loin de s'être opérée. Dans les deux Prusses, la Poméranie et le Brandebourg, la population est essentiellement finno-slave ; l'élément germain, plus ou moins mêlé de français, ne domine que dans les hautes classes et la bourgeoisie de certaines villes.

Les Prussiens sont donc ethnologiquement distincts des populations germaniques avec lesquelles ils prétendent être en communauté de race. Ils n'ont fait que dompter et asservir l'Allemagne, comme la Macédoine a jadis asservi la Grèce.

Quels sont les instincts, quel est le caractère de ce peuple prussien, si distinct du peuple allemand ?

Nous n'étonnerons personne en disant que, au début de son histoire, la vie que mène la race prussienne est humble et misérable, comme celle de toutes les sociétés dans l'enfance. Toutefois, à l'origine, les Finno-Slaves des bords de la Baltique offrent à l'observateur des traits particuliers qui les distinguent des autres barbares. Tacite observe, en effet, que leurs coutumes sont empreintes d'un cachet d'extrême férocité. *Fennis mira feritas !*

Ces us sauvages ne devaient pas tôt s'adoucir puisque, vers la fin du dixième siècle, alors qu'il essaya de porter la civilisation chez les *Prutzi*, l'archevêque Adalbert fut massacré par eux. Un fait identique se reproduit au douzième siècle, quand Christian reprend l'œuvre d'Adalbert. Tous les chevaliers *frères de la milice du Christ* sont assassinés par les païens du Nord.

Les mauvais instincts des races sont en général singulièrement persistants ; mais peuvent-ils se modifier sous l'influence des alliances étrangères et, dans l'espèce, était-il possible d'attendre quelque amélioration des mœurs prussiennes du fait de la domination allemande du quinzième siècle et de l'émigration française du dix-septième ? Non car, malheureusement, quelle que soit la supériorité morale d'une race immigrante, le *sang* n'est pas l'unique facteur à considérer dans la question des résultats à intervenir et le *milieu* fait toujours valoir ses droits imprescriptibles. Lors du croisement des races — qui s'implantent dans une région du globe en contact avec les races qui y préexistaient — la modification des produits s'opère toujours dans le sens du type de ces dernières. Suivant cette loi, les Allemands et les Français, qui sont venus en Prusse, ont promptement tourné au slave et au finnois. Les chevaliers de l'Ordre Teutonique, ainsi que les religionnaires victimes de la révocation de l'édit de Nantes étaient aux prises avec des difficultés de toute nature, sur une terre ingrate, sous un ciel rigoureux. Dans ces conditions, l'intelligence s'aiguise, la volonté se forge en fer, le courage et les muscles prennent la trempe de l'acier ; mais, en même temps, le cœur s'endurcit, l'ambition se développe outre mesure, et l'âme subit facilement l'empire des plus âpres passions. Le sang germain, non plus que le gaulois, n'a su mitiger le sang prussien ; il s'est aigri, il s'est glacé sous la brume des marais du Nord et n'est pas moins âcre aujourd'hui que le Prussien lui-même.

Quel était, en somme, au dix-huitième siècle l'état intellectuel et moral de la formation ethnologique qui venait de s'ériger en puissance européenne? C'est un de ses premiers souverains qui va nous le faire connaître. « En général, dit Frédéric II, tous mes sujets sont braves et durs, peu friands, mais ivrognes ; tyrans dans leurs terres, mais esclaves à mon service ; amants insipides, maris bourrus ; d'un grand sang-froid que je tiens au fond pour bêtise ; savants dans le droit... »

Ce portrait peu flatté est bien celui d'un peuple encore à demi-barbare. Le comte Rostopchino y a mis la dernière touche en reprochant aux Prussiens de son temps l'hypocrisie, la peur bleue, l'absence de tout scrupule de conscience et une passion immodérée pour les chaines de montre.

⁂

Que, si l'on tient à connaître les modifications apportées dans ces temps derniers aux allures de ce peuple, on veuille bien consulter les œuvres d'Henri Heine, ce *Prussien libéré*, comme il se qualifiait lui-même. « Non, disait-il, je ne pouvais me fier à cette Prusse, à ce bigot et long héros en guêtres, glouton, vantard, avec son bâton de caporal qu'il trempe dans l'eau bénite avant de frapper. Elle me déplaisait, cette mixture de bière blanche, de mensonge et de sable de Brandebourg. Elle me répugnait cette Prusse hypocrite, ce Tartufe entre les États. »

Qu'on lise aussi certaine brochure — écrite avant la guerre — du colonel Stoffel, où il est dit quelque part que « le peuple prussien est énergique, tenace, ambitieux, rude, passablement arrogant et dépourvu de toute générosité. » (1)

Ajoutons que, au cours de la campagne de 1870-71, nos adversaires se sont montrés inutilement cruels, d'où nous avons le droit de conclure que, en dépit de certain vernis de gentilhommerie emprunté surtout à la France, leur race n'a guère fait de progrès depuis le temps où elle était soumise à la domination de l'*Ordre Teutonique*. Cela s'explique facilement. Un peuple qui, sans la transition nécessaire d'un moyen âge, se pousse d'emblée au rang de nation moderne, ce peuple ne peut réunir ces qualités morales dont une série de siècles est seule capable de mûrir la puissance, ni la délicatesse de sentiments qui est l'apanage exclusif des races assouplies par une longue civilisation.

Que parlons-nous de sentiments délicats alors que

---

(1) Les appréciations du colonel ne se sont pas sensiblement modifiées. «... Présomptueuse et réfléchie, dit-il encore aujourd'hui, la race allemande a un esprit dénué de tout agrément, une rudesse de caractère et une dureté de manières qui la rendent d'un commerce désagréable et difficile. » (*De la possibilité d'une future alliance franco-allemande.* — Paris, Vormus et Cie, 1890.)

le sens moral est absent? Le souverain philosophe, qui honora de son intimité cette canaille de Voltaire (1), peut-être dit le grand corrupteur du dix-huitième siècle. « Il ne se borna pas, observe Le Play, à pratiquer le vice, comme Louis XIV et Louis XV ; il l'érigea en doctrine et il contribua beaucoup par ses ouvrages écrits en langue française, à pervertir notre race. Il continua, en violant les commandements VII et X du Décalogue, les traditions envahissantes de ses ancêtres. Il fut le précurseur de ces hommes qui, de notre temps, obtiennent le genre de succès que procure parfois au génie l'absence de sens moral. »

Et en 1871 :

« Ces Prussiens sont vraiment de profonds politiques !... » s'écriait M. Thiers.

La chose est fort possible mais il faut s'entendre et bien définir les mots dont on se sert. C'est encore Frédéric qui nous donnera la vraie signification de celui-ci. « Comme, dit-il, parmi les hommes on est convenu que duper son semblable était une action lâche et criminelle, on a été obligé de chercher un terme qui adoucit la chose, et c'est le mot de *Poli-*

---

(1) Voici ce que disait Frédéric de ce laquais de lettres auquel notre fin de siècle élève si stupidement des statues : « Je l'ai chassé (Voltaire)... Dans le fond, je le craignais parce que je n'étais pas sûr de pouvoir toujours lui faire le même bien et que je savais bien qu'un écu de moins m'aurait attiré deux cents coups de patte. »

lique qu'on a choisi. Insensiblement, ce mot n'a été choisi que pour les souverains, parce que décemment on ne peut pas nous traiter de Coquins ou de Fripons. Quoi qu'il en soit, voici ce que je pense sur la politique :

« J'entends par le mot « politique » qu'il faut toujours chercher à duper les autres. — Qui dit « politique » dit presque « coquinerie. »

L'interprétation de Frédéric est de nature à nous faire comprendre l'exclamation admirative de M. Thiers. Nous partageons, d'ailleurs, la bonne opinion qu'il avait conçue d'un brillant sectateur de Frédéric II. « Cet homme, disait-il en parlant de M. de Bismarck, cet homme est un sauvage de génie ! »

III

PUISSANCE MILITAIRE DE L'EMPIRE D'ALLEMAGNE

Les instructions laissées par Frédéric le Grand. — Une déclaration de M. Von der Goltz. — Prescriptions de l'Empereur Guillaume II à l'effet d'assurer le « maintien de la paix ». — L'Allemagne puissance militaire de premier ordre. — Budget de la guerre. — Effectif de l'armée. — Le nouveau fusil de l'infanterie. — Les chemins de fer stratégiques. — La flotte. — Nouvelles constructions navales. — Un mot de l'Empereur Guillaume II.

Quand il a des appétits robustes, une ambition sans frein et des convoitises déréglées, un peuple, quel qu'il soit, est tenu d'être fort. Conformément aux instructions de son « Grand Roi », la Prusse s'est rendue forte afin de faire de la guerre une industrie... une industrie lucrative.

A cet égard Frédéric II n'a pas déguisé sa pensée.

« En montant sur le Trône, a-t-il dit, je visitai les coffres de mon père. Sa grande économie m'a mis dans le cas d'exécuter de grands projets.

« Quelque temps après, je fis la revue de mes troupes ; je les trouvai superbes.

« Après cette revue, je retournai à mes coffres et j'y trouvai de quoi doubler mon militaire.

« Comme je venais de doubler ma puissance, il était TOUT NATUREL que je ne me bornasse point à conserver ce que j'avais.

« Lorsque mes troupes eurent acquis un avantage sur les autres, *je ne fus plus occupé* qu'à examiner les prétentions que je pouvais former sur les différentes provinces.

« Je me fixai à la Silésie, parce que cet objet méritait, plus que tous les autres, mon attention et que les circonstances m'étaient plus favorables.

« Je ne vous démontrerai point la validité de mes prétentions sur cette province. Je les ai faites (*sic*) établir par mes orateurs. La reine (Marie-Thérèse) les a fait combattre par les siens et... nous avons fini le combat à coups de sabre et de fusil.

« Je sai (*sic*) toute l'inquiétude que mon ambition m'a donnée... mais, au milieu de la tempête furieuse qui me menaçait, je n'ai rien perdu. Ainsi tout dépend du courage de celui qui PREND. »

Méditant de nous PRENDRE la Bourgogne, la Franche-Comté, les départements des Ardennes, de la Marne, de la Haute-Marne; jetant même leur dévolu sur la vallée de la Seine ou, pour mieux dire, sur tout le nord de la France jusqu'à la Loire, les Prussiens d'aujourd'hui, qui ont asservi l'Allemagne et se disent allemands, ces hardis conquérants n'ont garde d'oublier ces deux préceptes de Frédéric :

« Soutenez vivement que dépouiller ses voisins c'est leur ôter les moïens (sic) de nous nuire.

« Se faire craindre et respecter de la voisine, c'est le comble de la grande politique. On peut parvenir à son but par deux moïens. Le premier est d'avoir une force réelle, des ressources véritables. Le second est de savoir bien emploïer ce que l'on a. »

Et la conclusion de nos voisins de l'Est a été nettement formulée par le baron Von der Goltz. « Le temps du repos, a-t-il déclaré, ce temps n'est pas encore venu pour nous. L'on ne peut s'empêcher de prévoir une lutte dont l'issue est destinée à consolider la grandeur de l'Allemagne. »

De ces prémisses la conclusion est facile à tirer. Nos envahisseurs d'hier, aujourd'hui rêveurs d'agrandissements, ont absolument besoin d'être forts et de se tenir sans broncher sous les armes — le tout, bien entendu, sous couleur de travailler au *maintien de la paix* en Europe (!) « Pour maintenir « la paix, déclarait tout récemment l'empereur

» Guillaume II au président du Reichstag, pour
» maintenir la paix, il est avant tout nécessaire que
» l'Allemagne, conformément à sa situation poli-
» tique et géographique, ne néglige rien pour con-
» server ses armements en bon état, et s'occupe
» sans relâche de son armée et de sa flotte. »

Suivant les désirs du jeune Souverain, la majorité du Reichstag s'est empressée de voter les fonds nécessaires à la création de deux nouveaux corps d'armée, comportant des augmentations budgétaires pour trois états-majors de division, deux inspections de cavalerie, cinq états-majors d'infanterie, six états-majors de brigade de cavalerie, deux états-majors de brigades d'artillerie de campagne, cinq états-majors de régiments d'infanterie, deux dépôts du train, etc., etc. (1)

D'où il suit que l'empire d'Allemagne est maintenant une puissance militaire de premier ordre, s'arrogeant sans façon tous les droits et faisant la loi à l'Europe.

---

(1) Ce n'est pas tout. Un projet de loi, qui sera prochainement déposé sur le bureau du nouveau Parlement, comporte la création de *soixante-quatorze* batteries d'artillerie de campagne — ce qui doit porter à *quatre cent trente-huit* le nombre total de ces batteries.

Avide de suprématie, cette puissance s'impose des dépenses considérables. Son budget *ordinaire* de la guerre est, pour 1890-1891, de 397 millions de marks; son budget *extraordinaire* était, pour 1889-1890, de 383 millions.

Sa réserve, ou Trésor de guerre, s'élève, d'ailleurs, au chiffre de 660 millions de marks.

A ces importantes ressources financières correspondent nécessairement des effectifs considérables. Depuis le vote de la loi du 11 mars 1887 — dite du Septennat — les forces militaires de l'Empire d'Allemagne se répartissent — tous déchets défalqués — ainsi qu'il suit :

Armée active : 3 classes.	495.000 hommes (1).
Réserve : 4 classes . .	678.000 —
Landwehr du 1er ban : 5 classes.	685.000 —
A reporter. .	1.858.000 hommes.

(1) Le Reichstag est actuellement saisi d'un projet tendant à porter à 510,000 hommes le chiffre de l'effectif de paix. En cas de mobilisation, l'Allemagne pourrait mettre en ligne *vingt-deux* corps d'armée.

Report. .	1.858.000 hommes.
Réserve de complément : (7 classes pour l'armée active; 5 classes pour la landwehr du 1er ban).	208.000 —
Landwehr du 2e ban, 6 classes	815.000 —
Landsturm du 1er ban.	3.072.000 —
Landsturm du 2e ban.	1.225.000 —
Ensemble :	7.178.000 hommes.

Nous disons bien « sept millions cent-soixante-dix-huit mille hommes. »

~~~

De larges crédits sont, en même temps, ouverts au service de perfectionnement du matériel de guerre. C'est à raison de ces grosses allocations que, concurremment avec les usines Ludwig Lœwe et Cie, les manufactures de l'État procèdent aujourd'hui avec une activité sans égale à la fabrication du nouveau fusil du calibre de huit millimètres, modèle 1888. Cette arme est du type Mannlicher, mais son projectile diffère sensiblement de celui du fusil autrichien ; le noyau de plomb de la balle est muni d'une enveloppe de nickel (1).

~~~~

On sait quelle est aujourd'hui l'importance miliaire des voies ferrées. Nos voisins perfectionnent sans relâche leurs moyens de mobilisation rapide. Voici, par exemple, la part faite aux chemins de fer

---

(1) Voici quelques données relatives à cette balle dont la trajectoire est assez tendue :

La portée maxima mesure 3,800 mètres ; la puissance de pénétration est des plus remarquables. Dotée d'une vitesse initiale de 625 mètres, cette balle perfore : à 100 mètres, une épaisseur de bois de pin sec de 0^{m}80 ; à 400 mètres, une épaisseur de 0^{m}45 ; à 800 mètres, de 0^{m}25 ; à 1,800 mètres, de 0^{m}05.

A 300 mètres, des plaques de fer de 7 millimètres sont traversées de part en part.

A la distance de 100 mètres, le projectile pénètre dans un massif de sable jusqu'à 0^{m}90 de profondeur ; à 400 mètres, jusqu'à 0^{m}50 ; à 800 mèt. jusqu'à 0^{m}35 ; à 1,800 mètres, jusqu'à 0^{m}10.

stratégiques *qui menacent notre frontière* dans le projet de budget des dépenses de l'exercice 1890-91, déposé par le gouvernement sur le bureau du Reichstag :

Pose d'une double voie sur le tronçon Kédange-Ebersweiler, de la ligne Thionville-Teterchen (deuxième annuité) . . . marks	700.000
Ligne d'Alkilch à Ferrette (2ᵉ annuité).	800.000
Pose d'une double voie sur le tronçon de Thionville-Kédange et agrandissement de la gare de Thionville (1ʳᵉ annuité)	710.000
Ligne de Walbourg à Wœrth . .	200.000
Ligne de Sarrebourg à Alberschweiler et embranchement de Hessen sur Vallerysthal (1ʳᵉ annuité). . . .	432.588
Ligne de Selz à Merswiller, par Walbourg (1ʳᵉ annuité).	250.000
Ligne de Reschwoog à Haguenau (1ʳᵉ annuité).	250.000
Agrandissement des stations de Strasbourg.	90.000
Benestroff (1ʳᵉ annuité)	63.000
Augmentation du matériel d'exploitation (1ʳᵉ annuité).	1.000.000
Ensemble : marks.	4.495.500

Cet accroissement de matériel et de développement du réseau des lignes stratégiques impliquait nécessairement une augmentation de personnel. Aussi le régiment de chemins de fer à quatre bataillons, qui tient garnison à Berlin, vient-il d'être remplacé par une brigade à deux régiments.

Voilà encore un exemple des dépenses qu'entraîne le grand œuvre du *maintien de la paix*.

Un grand État sans marine militaire — professaient, il y a quelque vingt ans, les Prussiens — cet État, si puissant qu'il soit, est un oiseau dépourvu d'ailes. En conséquence, l'Aigle de Prusse a poussé des ailes, lesquelles sont déjà d'une honnête envergure.

La flotte allemande ne comprenait, en 1871, que 3 frégates cuirassées, 2 cuirassés de second rang, 9 corvettes plus ou moins antiques, 2 avisos, 8 canonnières de première classe, 14 de seconde classe, quelques chaloupes-canonnières et voiliers sans valeur.

Aujourd'hui, la nomenclature est celle-ci : 12 cuirassés de premier et 15 cuirassés de second rang, 8 frégates-croiseurs, 14 corvettes-croiseurs, 4 croiseurs, 3 canonnières, 7 avisos, 19 vaisseaux d'instruction et de station, 8 avisos torpilleurs, 94 torpilleurs de première et 13 torpilleurs de seconde classe.

Et l'importance du matériel naval ne fait que s'accroître de jour en jour.

A ne parler ici que de constructions neuves, le gouvernement impérial vient de faire mettre sur chantier — à Kiel et à Wilhemshaven — quatre grands cuirassés de 10,000 tonnes de déplacement, faits pour marcher à grande vitesse (environ 18 nœuds), un croiseur D et deux torpilleurs de division. Pour la mise en train de ces divers travaux neufs il a été alloué, au titre de l'exercice 1889-90, une somme de 5,900,000 marks. Un autre crédit de 4,518,000 marks est, d'ailleurs, affecté aux travaux actuellement en cours d'exécution, tels que l'achèvement du croiseur H et du *Siegfried*. Le département de la Marine dépensera donc, au cours dudit exercice, une somme de 10,418,000 marks, somme uniquement consacrée à des constructions neuves (1).

---

(1) Le budget total de la marine est de trente-huit millions de marcks.

Le budget dont il s'agit, est vraisemblablement appelé à grossir encore. L'empereur Guillaume II ne saurait, en effet, dissimuler sa prédilection pour la Marine (1), témoin cet extrait de son discours aux membres de la diète de Brandebourg : « J'ai dans ma chambre un tableau qui était resté longtemps dans un coin ; il représente une longue rangée de navires portant le pavillon de Brandebourg. Ce tableau me rappelle tous les jours que le grand Électeur lui-même avait compris que le Brandebourg devait se faire une place dans le marché du monde. »

A bon entendeur salut !

(1) Le jeune empereur d'Allemagne a le sens poétique des beautés de la mer. « Moi, dit-il, qui suis un marin passionné, je suis et j'admire les manifestations de la nature ; et, comme les Allemands qui concluent souvent de la nature à eux-mêmes, je voudrais tirer d'une beauté de la nature une leçon pour notre situation. C'était lors de mon premier voyage sur l'Océan : depuis trois heures du matin nous étions dans le brouillard ; on n'entendait que les sirènes et, de temps en temps, des coups de canon qui nous indiquaient la position des navires. A huit heures il fallait changer de direction. Le brouillard était si épais qu'on ne voyait pas d'un navire à l'autre. On put cependant virer de bord et, une heure après, *le Hohenzollern*, sorti du brouillard, voguait par un vent frais sur une mer calme, sous un ciel bleu, devant un brillant soleil du matin. Nous regardions le brouillard qui était sur la mer derrière nous comme un immense nuage. Tout d'un coup, en haut dans les nuages, nous vîmes tout seul le drapeau allemand comme porté par des mains de chérubin. C'était le pavillon-amiral qui flottait au grand mât du *Kayser*. Et c'était un si beau spectacle que tous nous joignîmes

les talons dans la position militaire pour admirer ce spectacle!

. . . .

« J'ai bien souvent revu ce tableau dans mes rêves.

. . . .

« Quelque sombres que soient les heures que la patrie ait à traverser, nous les traverserons, marchant courageusement de l'avant vers notre but, disant : « Nous autres Allemands, nous « ne craignons que Dieu au monde et rien autre. »

IV

PROPRIÉTÉS STRATÉGIQUES DU TERRITOIRE DE L'ALSACE-LORRAINE

Frontière franco-allemande. — Notre situation par rapport à celle de nos voisins de l'Est. — Leur base d'opérations *en équerre*. — Le « Triangle lorrain ». — Places fortes d'Alsace-Lorraine — Metz. — Bitche. — Huningue et Neufbrisach. — Strasbourg. — Rastadt et Germersheim. — Communications militaires. — Routes, voies navigables et voies ferrées. — Approvisionnements *sur routes*. — Garnison de la « Terre d'empire ». — Répartition des troupes des XIVe, XVe et XVIe corps à la date du 1er avril 1890.

Le colonel Stoffel observe très justement que la perte de l'Alsace-Lorraine nous a fait une situation lamentable.

« M. de Moltke, dit-il, a déclaré, après la guerre, que l'Allemagne était tenue de rester l'arme au bras

pendant cinquante ans. Cette parole montre que le maréchal s'est bien mal rendu compte de la situation intolérable où il contribua plus que tout autre, par les conseils qu'il donna à son souverain, à placer la France vaincue. Ce n'est pas pendant cinquante ans, c'est indéfiniment que l'Allemagne devra se tenir prête à défendre sa conquête; car, si la France se trouve aujourd'hui forcée de subir la situation qui lui est faite, elle ne l'accepte pas et ne l'acceptera jamais. . . . .
. . . .

« Si la France n'avait perdu par cette cession que deux provinces, elle ne souffrirait guère que dans son amour-propre; mais le préjudice que lui cause l'abandon de l'Alsace-Lorraine est autrement grave : *il lui enlève sa sécurité.*

« Effectivement, la frontière allemande est aujourd'hui à la crête des Vosges.

« Entre cette frontière et Paris, qui n'en est qu'à douze journées de marche, il n'existe, poursuit l'auteur, aucun obstacle naturel capable d'arrêter une armée. . . . .
. . . .

« Qu'on remarque maintenant que, dans une guerre avec l'Allemagne, la première grande bataille se donnerait à la frontière.... Si la France venait à subir la première grande défaite, les armées allemandes arriveraient, en moins de quinze jours, sous les murs de Paris, sans que les armées fran-

çaises eussent eu le temps de se reconstituer. . .
. . . .

La France, observe enfin le colonel, la France qui, avant 1870, était protégée à l'Est par une double ligne de défense (le Rhin et les Vosges), *est aujourd'hui ouverte à l'invasion*; l'Allemagne est campée à quelques marches de Paris; le sort de notre patrie dépend d'une seule bataille perdue à la frontière.

Tout cela est malheureusement très exact.

On sait que la base d'opérations d'une armée est la portion de zone frontière sur laquelle les différents corps qu'elle comprend se concentrent avant d'entrer en action. L'élément le plus important à considérer dans cette portion de zone est sans contredit sa direction générale par rapport aux lignes d'opérations de l'adversaire. Les meilleures bases sont celles qui, tout en couvrant rationnellement les communications de l'armée nationale, menacent le mieux les communications de l'armée ennemie;

celles qui sont enveloppantes ou, comme on dit, *en équerre*.

Pour l'attaque de notre frontière de 1870, les Prussiens disposaient contre nous d'une base *en équerre* passant par Cologne, Mayence, Germersheim, et leur permettant de tourner les Vosges sans rencontrer d'obstacles.

Aujourd'hui, la frontière qui nous a été imposée par le traité de Francfort assure encore aux Allemands une base *en équerre*. Cette frontière, qui s'étend de Metz au Donon et du Donon au ballon de Servance, dessine un angle — à peu près droit — qui donne à nos voisins de l'Est moyen de prendre une base enveloppante et d'adopter des lignes d'opérations *convergentes* vers la haute Moselle, en tournant la Meurthe.

Considérées au point de vue des facilités qu'elles offrent aux opérations offensives de nos envahisseurs, les forteresses de l'Alsace-Lorraine jouissent de propriétés éminentes ; elles couvrent admirablement la concentration et le déploiement stratégique de l'armée allemande. Metz, Thionville et Sarrelouis constituent, en effet, un système auquel on a donné le nom de *Triangle lorrain*. Toutes les forces de l'Allemagne peuvent facilement converger à l'intérieur de ce triangle dont Metz est le sommet et qui, à la manière d'un coin d'acier, est prêt à fendre notre territoire national.

La possession de Metz est d'un prix inestimable aux yeux de nos voisins. Cette grande place est en effet une remarquable *étoile* de voies ferrées. C'est le nœud des lignes : Cologne-Metz ; — Coblentz-Metz ; — Mayence-Metz, par Sarrebruck ; — Strasbourg-Metz, par Sarrebourg.

Ses fortifications étendues peuvent abriter tous les afflux de personnel et de matériel appelés des quatre grandes doubles têtes-de-pont : Strasbourg, Mayence, Coblentz et Cologne.

Toutes les petites places de Lorraine et d'Alsace — Marsal, Phalsbourg, Lichtemberg, la Petite-Pierre, Schlestadt — ont été déclassées. Seule, Bitche a été conservée à titre de fort d'arrêt, barrant la ligne de Haguenau à Sarrelouis et à Trèves.

En vue d'être toujours en mesure de passer tranquillement du duché de Bade en Haute-Alsace, les Allemands ont rationnellement amélioré Huningue et Neufbrisach. Organisée en tête de pont, rive gauche, la place de Neubrisach dote de sécurité une gare militaire de dimensions considérables.

La superficie totale de Strasbourg est, à l'heure qu'il est, d'un millier d'hectares enclos de fortifications. La nouvelle enceinte de la place réorganisée par M. de Moltke enferme une vaste gare desservant à la fois les lignes de Kehl, de Wissembourg, de Paris et de Bâle. De Strasbourg, par conséquent, les forces allemandes peuvent rayonner en tous sens vers l'extérieur. A cheval sur le Rhin et sur la voie ferrée qui relie la Hollande à l'Italie par le Saint-Gothard, Strasbourg est devenu un immense entrepôt de commerce entre l'Italie, la Suisse, l'Allemagne et la France. L'armée allemande s'y est ménagé en permanence d'immenses approvisionnements de toute espèce dont les uns sont en magasin ; les autres, SUR ROUES en gare.

Les Allemands n'ont déclassé ni Germersheim, ni Rastadt. Les défenses de ces deux places sont de nature à prêter un solide appui aux forces chargées du soin d'opérer en Basse-Alsace.

Quelles sont les communications dont nos voisins disposent, voilà ce qu'il est intéressant d'examiner.

De Bâle à Mayence, le Rhin, large et navigable, est sillonné par quantité de bateaux à vapeur constituant de véritables flottiles. Sur les deux rives se développent, parallèlement au fleuve, nombre de routes et de voies ferrées. Les mouvements de troupes *parallèles* à la frontière sont donc couverts par l'obstacle du cours d'eau. De vastes doubles têtes-de-pont permettent, de faire en toute saison, passer d'une rive à l'autre d'énormes masses de troupes de toutes armes.

L'Allemagne s'est pourvue d'un réseau de chemins de fer qui lui donne moyen de réaliser en un clin d'œil la mobilisation de ses forces. De Bâle à Wesel dix lignes stratégiques, dont quatre à deux voies, aboutissent au Rhin. Huit lignes, dont trois à deux voies, conduisent des rives du fleuve au théâtre d'opérations contigu au Triangle lorrain.

En gare de Metz, comme en celle de Strasbourg, sont d'immenses approvisionnements de toute espèce emmagasinés SUR ROUES et qui peuvent partir, à la minute, dans telle direction qu'on voudra. Qu'un ordre arrive et — à l'instant — nombre de locomotives sifflent dans toutes les directions ouvertes à l'invasion du territoire français. Et quantité de trains emportent, pour les jeter sur nous, des masses de bataillons, d'escadrons, de batteries.

En ce moment, tous les corps de l'armée allemande, y compris ceux de nouvelle formation, sont au grand complet. L'Alsace-Lorraine est inondée de troupes.

Voici exactement quelle est, depuis le 1er avril 1890, la composition des garnisons de la « Terre d'Empire » :

La fraction du XIVe corps chargée d'occuper la Haute-Alsace comprend :

2 régiments d'infanterie ;
4 bataillons de chasseurs à pied ;
2 régiments de cavalerie ;
1 groupe d'artillerie montée, de campagne ;
1 compagnie d'artillerie de forteresse.

Le XVe corps (Strasbourg) se compose de :

10 régiments d'infanterie ;
5 régiments de cavalerie ;

2 régiments d'artillerie de campagne;
1 régiment d'artillerie de forteresse;
1 bataillon de pionniers;
1 bataillon du train à deux compagnies.

Le XVI⁰ corps (Metz) compte :

9 régiments d'infanterie;
4 régiments de cavalerie;
2 régiments d'artillerie de campagne;
2 régiments et un bataillon d'artillerie de forteresse;
1 bataillon de pionniers;
1 compagnie du train.

Le total des troupes tenant garnison en Alsace-Lorraine est donc, depuis le 1ᵉʳ avril, de :

67 bataillons d'infanterie;
54 escadrons;
9 groupes de batteries montées;
2 groupes de batteries à cheval;
29 compagnies de forteresse;
2 bataillons de pionniers;
3 compagnies du train.

En somme, l'accroissement des troupes d'occupation de la Terre d'Empire est de : 9 bataillons d'infanterie, 10 escadrons de cavalerie et 9 batteries d'artillerie, dont 3 à cheval.

~~~

Telles sont les premières forces qui, l'arme au pied, attendent l'ordre d'attaquer la France.

V

APERÇU DE QUELQUES OPÉRATIONS REPTILIENNES

Considérations historiques. — Missions secrètes de 1866. — Moyens d'informations de M. de Goltz. — L'Exposition de 1867. — Investigations du roi de Prusse et de son chancelier. — Opérations secrètes de MM. de Bismarck et de Moltke. — Voyage secret de M. de Moltke (1868). — Les émissaires et les espions de 1870-71. — Organisation actuelle du *Service des renseignements* de nos voisins de l'Est. — Double source de renseignements. — Budget spécial. — Organisation actuelle du service d'espionnage. — Personnel des agents secrets. — Classification et recrutement. — Programme des missions secrètes que ces agents ont à remplir. — Notre loi contre l'espionnage. — La presse reptilienne. — Usines de guerre. — Réseau télégraphique allemand en territoire français. — Centralisation des documents obtenus.

En attendant un moment favorable à la réalisation de leurs desseins, nos voisins de l'Est ne perdent pas leur temps. Loin de là. Ils apportent tous leurs soins à la bonne conduite de la période de préparation à une entrée en campagne.

Parallèlement à leurs opérations d'accroissement du personnel des combattants, d'augmentation et de perfectionnement du matériel de guerre — toutes choses qui s'accomplissent à ciel ouvert ou peu s'en faut — les Allemands se livrent avec acharnement à nombre de travaux occultes. Ils font, comme ils en ont toujours fait, de l'espionnage dans les formes et selon les règles posées par Frédéric le Grand.

Elle est, à plus d'un titre, intéressante l'histoire des menées souterraines qui, depuis tantôt un quart de siècle, ont miné le sol de la France.

Dès les premiers jours du mois de décembre 1866, le général Ducrot, qui commandait alors à Strasbourg, signalait la présence de nombre d'agents teutons opérant entre la Moselle et les Vosges, et travaillant l'esprit des populations. Depuis lors, notre région de l'Est n'a jamais cessé d'être inondée d'officiers prussiens voyageant sous des accoutrements divers. On en surprit d'aucuns qui, sous prétexte de pêche à la ligne, faisaient des sondages dans la Marne. D'autres, se disant peintres, prenaient force croquis aux environs de Langres et de Belfort.

A cette époque (1866), M. de Goltz avait accès partout. Il apprenait toute sorte de choses dans les salons où se divulguent souvent avec une déplorable insouciance les affaires d'État les plus secrètes. Les informations qu'il ne pouvait prendre lui-même, il les devait aux rapports d'une foule de personnages interlopes qui s'insinuaient hypocritement dans nos demeures, se tenaient traîtreusement aux écoutes dans nos cercles, s'ingéraient dans nos débats politiques et clabaudaient contre les actes de notre diplomatie. On les tolérait à Paris, on les y recherchait même, quand partout ailleurs on s'empresse de les reconduire à la frontière.

Durant l'Exposition de 1867, alors qu'ils nous firent l'honneur d'accepter notre hospitalité, le roi Guillaume, M. de Bismarck et M. de Moltke ne manquèrent point l'occasion — qui leur était si bien offerte — de faire une campagne de haute investigation. L'objet des observations attentives du chancelier était la valeur personnelle de chacun des hommes qui composaient le gouvernement et de ceux qui formaient l'entourage de l'empereur. Quant au roi de Prusse, ses observations n'avaient pas un but moins précis; son attention était tout entière concentrée sur un point dont rien ne le pouvait distraire. « Je le conduisis un jour, raconte à ce propos M. Haussmann, je le conduisis sur le plateau du réservoir de la Dhuis, à Ménilmontant, et je lui présentai le constructeur de cet ouvrage d'art, M. Belgrand. Savez-vous ce qu'il répondit à M. Belgrand, pour lequel j'attendais peut-être quelques félicitations ou quelques éloges pour ce merveilleux travail? Le roi lui demanda de lui désigner l'emplacement du fort de Vincennes!... Tout simplement. Puis, scrutant l'horizon lointain, il s'occupa de retrouver du côté de Romainville le point exact où il avait campé en 1814!

« Et, comme Sa Majesté me questionnait sur ce sujet qui paraissait l'intéresser, je lui répondis en souriant : « Maintenant, Sire, il existe un fort au delà, qui défend cette approche! »... puis j'essayais de ramener son attention sur le réservoir de son aqueduc.

« Rien n'y fit. »

En cela rien d'étonnant. Le roi Guillaume étudiait les abords de Paris — de ce Paris dont il était l'hôte et dont il méditait le siège.

MM. de Bismarck et de Moltke profitèrent de leur séjour en France pour s'y créer des relations et y organiser des agences de renseignements. Dans toutes les villes de l'Est, en Bourgogne et dans le Nord ils installèrent des émissaires méthodiquement hiérarchisés (1). Depuis longtemps d'ailleurs,

---

(1) Le directeur du service était un général ayant sous ses ordres des agents principaux régionaux, desquels relevaient des agents secondaires : les uns, en résidence fixe ; les autres, voyageant à travers le pays qui devait être de leur ressort en temps de guerre et sur lequel ils devaient *dès le temps de paix* fournir des renseignements. Ils se servaient pour correspondre d'un chiffre assez compliqué. D'ailleurs, leurs lettres étaient toujours

pareil service d'émissaires allemands fonctionnait élégamment en Angleterre, en Belgique, en Suisse, en Italie et en Espagne.

Le territoire français était cerné.

A Paris, spécialement, ils instituèrent une brigade d'agents provocateurs qui devaient, au moment voulu, entraîner la population à des actes de guerre civile. (1)

Voilà qui est clair. Voilà l'origine de ces crimes de la rue qui préludèrent, en 1870, aux premiers événements d'une guerre désastreuse. Les fauteurs de ces désordres alors inexpliqués n'étaient autres que des agents prussiens, embrigadés dans les règles.

L'année suivante (1868), M. de Moltke fit encore en France un voyage d'exploration... mais secret celui-ci, ainsi qu'il appert de ce télégramme d'un agent français, chargé du soin de le filer:

---

adressées à des commerçants ou industriels leurs compères, toutes gens d'allures en apparence inoffensives.

(1) Notre ambassadeur à Berlin devait recevoir ultérieurement une dépêche dont nous extrayons ce qui suit : « Tout semble indiquer que le parti militaire l'emporte dans les conseils du roi Guillaume... Il se flatte *qu'une invasion permettrait aux agents allemands à Paris*, mêlés aux ouvriers des faubourgs, de réaliser l'œuvre que méditeraient les partis hostiles. Toutes les mesures sont prises; elles ont été étudiées et préparées de longue main. »

« Forbach, 9 avril 1868, 6 h. 10 matin.

« Depuis lundi, je suis le général de Moltke qui visite la frontière de France et étudie les positions... Mardi, il s'est arrêté à Birkenfeld, sur la hauteur, près des ruines du vieux château. Il a couché le même jour à Sarrebruck. Il y a pris des dispositions de défense à la gare et au canal... »

Le chef du grand État-major procédait tranquillement à la préparation d'une guerre arrêtée en principe dans l'esprit du roi de Prusse.

Cette guerre fatale une fois déclarée, les émissaires prussiens exposèrent au gouvernement français que, en leur qualité d'anciens réfractaires, ils n'osaient pas rentrer en Allemagne. On eut la faiblesse de les laisser demeurer en France et, durant l'invasion, les truands purent exercer paisiblement leur joli métier.

Dès le début des hostilités, une partie de ces émissaires fut mobilisée et lancée sur les départements qui devaient servir de scène aux opérations de nos envahisseurs. D'autres suivaient l'armée. Il s'en trouvait grand nombre parmi les infirmiers volontaires de ces ambulances cosmopolites dont nous étions littéralement empoisonnés. Ces misérables obtenaient des renseignements des officiers qu'ils soignaient, ceux-ci ne songeant guère à se méfier des gens qui leur donnaient des soins. Tous étaient fort adroits, madrés, rusés et eussent pu, en mainte occasion, rendre des points à des Peaux-Rouges. N'ayant sur eux rien qui pût les trahir, ils portaient seulement au cou, sous leurs vêtements, une petite médaille frappée de certains signes conventionnels leur permettant de se reconnaître entre eux et surtout de se faire reconnaître des patrouilles et avant-postes amis.

C'est à Paris surtout, pendant le siège, que ces messieurs opérèrent en grand. A Paris, ils étaient chez eux ; ils y fesaient de l'espionnage en toute sécurité et presque ostensiblement. Leur quartier général était installé à l'hôtel de la légation des États-Unis, chez ce M. Washburn dont les assiégés ne parlaient qu'en termes émus, bien que le personnage travaillât pour le compte des assiégeants (1). C'était lui qui « soulageait la malheureuse position des Allemands restés à Paris (2). »

(1) Seul de tous les membres du corps diplomatique, M. Washburn était resté pendant le siège à Paris pour y défendre les intérêts des Allemands placés sous sa protection. Le *Moniteur prussien de Versailles* (n° du 2 février 1871) l'en a remercié en ces termes qui sont à retenir : « Quelle qu'ait été la rigueur de la mesure d'expulsion, la ramification de la société allemande était devenue trop large par le travail d'un demi siècle pour que Paris n'ait pas dû renfermer, pendant le siège, encore de nombreuses personnes et des familles d'origine allemande. C'est donc avec l'émotion la plus vive que nous rendons ici hommage à la sollicitude de Son Excellence M. Washburn, ministre des États-Unis d'Amérique, chargé des intérêts des Allemands, pendant la guerre, surtout pendant le siège. »

(2) *Moniteur prussien de Versailles*, n° du 2 février 1871.

Ainsi donc, au mépris des ordres d'expulsion, des bandes d'Allemands se promenaient tranquillement dans nos rues pendant le siège (1) et, protégés par un citoyen américain, ces honnêtes estafiers étaient chargés d'un service d'informations. Ce service, ils l'exécutaient dans les règles de l'art. Ainsi, tous les journaux de Paris se trouvaient chaque jour non seulement sur la table de M. de Moltke, mais encore sur celle du cercle des officiers de Versailles. Ainsi encore, toutes les mauvaises nouvelles de l'extérieur nous parvenaient — à nous assiégés — incontinent. Le 27 octobre, par exemple, un journal ultra-radical, le *Combat* annonçait la capitulation de Metz dont le gouvernement n'était pas encore informé. Comment en avait-il appris la nouvelle? La source de l'information doit être attribuée à quelqu'un de ces émissaires prussiens en résidence à Paris qui, sous couleur de communion d'idées, étaient entrés en relation avec nos socialistes.

(1) « Si, dit à ce propos M. Drumont (*La Dernière bataille*), nous avions été à la tête du gouvernement, nous aurions mis prestement ces Allemands sur deux files et nous les eussions déposés aux avant-postes en écrivant poliment au comte de Bismarck :
» Excellence, il y a en ce moment dans nos murs de vieilles
» gens qui meurent de faim et surtout de froid; si nous gaspil-
» lons nos ressources pour nourrir et réchauffer vos compatriotes,
» vous nous trouveriez vraiment trop bêtes. »

. . . .

« M. Washburn put nourrir et chauffer des Allemands pendant qu'on bombardait Paris !... »

Après la guerre, nombre de ces malandrins, trouvant très bonne la bonne ville de Paris, s'y établirent à demeure. Ils se faufilèrent dans les cadres de la vie française grâce à la période de désordre qui suivit la Commune, se firent passer pour Alsaciens-Lorrains et se créèrent une identité quelconque, une sorte de possession d'état en se portant garants les uns des autres.

D'où il suit qu'il y a en France, et surtout à Paris beaucoup plus d'émissaires allemands qu'avant la guerre de 1870.

⁂

Quelle est l'organisation actuelle du *service des renseignements* de nos voisins de l'Est?

Placé sous les ordres immédiats du chef du grand état-major, ce service a pour chef un officier général.

Il comprend trois divisions (1) et un bureau spécial, dit « des Informations » *(Nachrichtenbureau)*, lequel est chargé de communiquer à qui de droit

---

(1) A la tête de chaque division est un officier supérieur auquel sont adjoints nombre d'officiers et d'archivistes.

les nouvelles venues de l'étranger. Lesdites trois divisions sont chargées du soin d'observer attentivement tous les faits militaires intéressants qui se passent à l'étranger. Elles doivent se tenir constamment au courant du mode d'organisation et de recrutement, des modifications apportées à l'armement et à l'équipement de toutes les armées du globe. Elles ont surtout le devoir de pâlir sans relâche sur les cartes géographiques des différents États européens et de tenir ces documents à jour ; d'y noter la construction des nouveaux ouvrages de fortification, ainsi que le déclassement des anciennes places ; d'y suivre pas à pas le développement des voies de communication : routes, chemins de fer ou canaux, etc. A chaque division est spécialement confiée l'étude d'une région ou théâtre d'opérations militaires. L'exploration de notre pays de France a, comme on dit à l'École polytechnique, *l'honneur* d'être du ressort de la troisième division, ainsi que l'Angleterre, la Belgique, la Hollande, l'Espagne et le Portugal.

Les renseignements qu'on se procure à Berlin émanent de deux sources distinctes — Guerre et Affaires étrangères — et sont centralisés par la Guerre (1) Comment les obtient-on ? A prix d'argent. Outre les ressources budgétaires attribuées au service gé-

---

(1) Les directeurs de ces deux sources d'informations sont : l'un, le chef de bureau du grand état-major ; l'autre, le directeur du personnel du ministère des Affaires étrangères.

néral des Renseignements, le grand état-major dispose d'un fonds spécial institué par décret impérial du 31 mai 1877 et montant à la somme de 300,000 marks (375,000 fr.). Les revenus de ce fonds sont affectés au payement des frais d'espionnage.

Le personnel commis à l'exécution de cette besogne louche, comprend plusieurs catégories distinctes. La première se compose d'officiers supérieurs, de hauts fonctionnaires, de savants éminents, de femmes du monde. (1) Ce sont là, disait Frédéric, des « espions de conséquence ». Une deuxième catégorie est formée uniquement d'officiers spéciaux qui reçoivent mission de faire le lever d'un ouvrage de fortification, de se rendre compte de la valeur d'une arme nouvellement mise en service, de suivre une période de grandes manœuvres, etc. Une troisième classe dite *territoriale* comprend tous les émissaires ou espions sédentaires : faux réfractaires, faux déserteurs, marchands, etc., « petites gens qui se mêlent de ce mestier », comme disait encore le *Grand Roi*. Cette dernière catégorie est la plus nombreuse des trois. Actuellement, nos départements de l'Est sont littéralement inondés d'individus suspects qui, bien entendu, se disent Alsaciens-Lorrains.

De fait, ce sont des Allemands, ce sont des émissaires qui, *par ordre*, ont fait élection de domicile au cœur de notre pays. C'est une invasion pacifique

(1) Et même du demi-monde.

servant de prélude à l'invasion à main armée (1).

Quel est, en temps de paix, le service de ces innombrables mouchards? On peut s'en faire quelque idée à la lecture de cet extrait de l'exposé des motifs de la loi du 18 avril 1886 :

« Des étrangers, disait le Rapporteur du projet de loi, des étrangers, des individus, dissimulant sous un déguisement leurs nom, qualité, profession et nationalité, parcourent la France, lèvent des plans, prennent des croquis, se livrent à toute une série d'opérations d'autant plus dangereuses que les découvertes modernes les rendent plus faciles, interrogent les nationaux et recueillent des renseignements qui intéressent au plus haut degré la défense du territoire.

« Ils ont pour complices et intermédiaires de mauvais Français, des gens à sens moral peu developpé, des étourdis, lesquels en temps de guerre craindraient peut-être d'entreprendre ou de favoriser une aussi coupable industrie et qui, en temps de paix, spéculant sur l'impunité ou n'étant pas suffisamment tenus en éveil contre des suggestions

---

(1) Il est telle ville de nos départements de l'Est où la population allemande est déjà d'une densité inquiétante. Tous les cabaretiers et aubergistes y sont allemands. Dans les rues on n'entend plus parler qu'allemand. En présence de cette invasion, les vitres des magasins devront bientôt porter, inscrit à l'usage des étrangers, ce bienveillant avis :

Ici, l'on parle français.

malsaines, se laissent aller à devenir les auxiliaires des plus odieuses tentatives. »

Le Rapporteur, observons le, n'a pas osé tout dire. Il ne parle ni de la presse domestiquée que la chancellerie allemande entretient sur les fonds des Reptiles *(Reptilienfond)*, ni de l'odieux personnel qui prend en France des « bains de boue » *(Schlammbäder)*. Il ne fait nulle mention des usines et des fabriques que dirigent en France des officiers allemands travestis.

Voici le fait :

Ces officiers organisent — entre quatre murs — de vrais bataillons d'ouvriers soldats qui, au moment voulu, feront cause commune avec les envahisseurs ; ils étudient, en même temps, les environs et aménagent les bâtiments de leurs établissements de telle sorte que, au moment opportun, ils puissent, en un clin d'œil, transformer l'usine soit en batterie, soit en ouvrage de fortification de campagne.

Un changement à vue, comme au théâtre !

Le Rapporteur n'a pas signalé non plus la création, en plein territoire français, d'un réseau télégraphique allemand. Les cartes de l'état-major de nos voisins d'outre-Vosges indiquent aujourd'hui les points de notre pays où pourraient aisément être installés, en cas de guerre, des postes de télégraphie optique. Ces sites de postes sont en grand nombre le long de nos frontières.

L'œuvre de détermination des points choisis a évidemment nécessité de longues études et des essais *de nuit*, faits avec des appareils électriques enfermés dans de petites lanternes sourdes. Les opérateurs ont dû, plus d'une fois, tâtonner et se reprendre avant d'avoir réussi à établir une communication sûre entre deux points donnés.

Et cela s'est fait à notre barbe!!!

Encore une fois, à l'heure qu'il est, un vaste réseau télégraphique ponctue, du nord au sud, notre frontière de l'Est de manière à mettre, en cas d'invasion, les armées allemande et italienne en communication directe.

S'il nous fallait faire un tableau complet des menées de la bande d'agents secrets à la solde de l'Allemagne, un volume ne suffirait pas.

———

Toutes les données recueillies chez nous par ces messieurs et par ces dames — car il y a des émissaires femelles — tous les documents obtenus sont expédiés sans retard au service des renseignements qui les centralise. Ce service reçoit d'ailleurs tous les journaux, revues ou brochures qui se publient en France.

Se livrant à des études continues, minutieuses, les officiers des trois divisions classent méthodiquement les faits dont ils ont connaissance ; ils les coordonnent, les *sollicitent* et s'attachent à en exprimer le vrai sens. Procédant souvent par voie d'hypothèse ou d'induction, ils ne se déclarent satisfaits qu'après qu'ils ont acquis de quasi-certitudes.

Et la *Section de géographie et de statistique* du Grand État-major publie chaque année tout un volume de renseignements utiles. Chaque officier de l'armée allemande apprend ainsi le rôle qu'il devra tenir après qu'aura sonné l'heure d'envahir la France.

VI

MOYENS GÉNÉRAUX DE RÉSISTANCE A L'INVASION ÉTRANGÈRE

Politique intérieure. — Politique extérieure. — Finances. — Utopies dangereuses. — Convenance d'une stricte application de la Loi relative à la répression de l'espionnage en temps de paix. — Nécessité d'une grande circonspection dans l'établissement de nos relations commerciales. — La litière de tourbe. — Notre budget de la guerre. — Nos effectifs. — Valeur de nos troupes. — Notre corps d'officiers. — Matériel de guerre. — Matériel d'artillerie.

Comment, se demande-t-on, comment parer aux dangers qui nous menacent? Quel est le moyen d'avoir et de garder la paix?

Assez complexes, mais efficaces, les moyens qu'enseigne la raison!

Il nous faudrait tout d'abord une politique intérieure exempte de roulis, en même temps qu'une politique extérieure intelligente, s'inspirant avant tout de principes rationnels. Les deux font la paire. Ce n'est pas ici le lieu d'examiner si ces conditions sont remplies. *Non est hic locus*, comme dit Labiche. Nous renvoyons le lecteur aux journaux qui n'ont pas aliéné leur indépendance.

~~~

Il nous faudrait, en second lieu, de bonnes finances. Le pays a soif d'ordre et d'économie ; mais en quête, comme il l'est, du moyen d'étancher cette soif ardente, ne trouve-t-il qu'il y a loin de la coupe aux lèvres ? A tout prix cependant il nous faut des finances bien conduites, il nous faut un crédit solide attendu que, comme le dit si bien notre grand abstracteur de quintessence, « guerre faicte sans bonne prouision d'argent n'a qu'ung soupirail de vigueur. Les nerfz des batailles sont les pecunes. »

~~~

Ensuite, il nous faudrait refuser de prêter une oreille complaisante aux sottises qui se débitent à tout bout de champ et ne pas oublier que sottise est mère de duperie.

Par *sottises* nous entendons parler de ces utopies dangereuses, de ces fadaises humanitaires, de ces rengaines philosophiques inventées à l'effet de capter les masses et qui frappent trop souvent les échos de notre naïf pays de France. Il y a chez nous de braves gens trop honnêtes pour admettre l'idée du mal, trop sincères pour n'être pas convaincus de la valeur de leurs idées et de l'efficacité de leurs théories, qui prêchent à la tribune, dans la presse ou dans les réunions publiques le retour aux mœurs des premiers âges, la fraternité des peuples, l'abolition de la guerre et, tout d'abord, celle des armées permanentes.

Ce sont des prédications de ce genre qui nous ont, pour une part, amené l'invasion de 1870.

En effet; au cours de la séance du 23 décembre 1867, certain député de grand renom développait à la tribune du Corps Législatif un projet d'organisation militaire qu'il opposait à celui du Gouvernement. C'était, à peu de chose près, une reproduction de l'organisation de l'armée suisse. « Il manque pourtant, confessait l'orateur, il manque quelque chose à notre armée ainsi conçue, c'est *l'esprit militaire*, je le reconnais tout le premier. Cette armée est une armé de citoyens qui se réunissent pour défendre leur pays et pour maintenir l'ordre. *Ce n'est à aucun degré une armée de soldats...*

. . . .

« Au lieu d'une armée imbue d'esprit militaire, nous voulons une armée de citoyens qui soit invincible chez elle et *hors d'état de porter la guerre au dehors* (1).

. . . .

On interrompit l'orateur.

Il reprit :

« Vous me faites l'honneur de me dire qu'il n'y a pas d'armée sans esprit militaire. Je comprends parfaitement votre interruption, je l'accepte. S'il n'y a pas d'armée sans esprit militaire, je demande que nous ayons *une armée qui n'en soit pas une!*

. . . .

« .... *Nous demandons sans ambages de supprimer l'armée permanente... nous demandons que l'armée permanente soit à jamais supprimée.* »

A la lecture du compte rendu de ces plaisanteries, les Prussiens tressaillirent de joie. Ah! se dirent-ils, les Français veulent la suppression des armées permanentes!... Ah! ils veulent *une armée qui n'en soit pas une!* Voici le moment de les attaquer!...

---

(1) Comme si la défensive ne devait pas, le plus souvent, procéder par voie d'offensive. Il n'est pas un tambour qui ne sache cela.

L'orateur dont le discours impliquait ces conclusions a depuis lors été ministre. Il est aujourd'hui sénateur, membre de l'Académie française et très apprécié, très goûté.... à Berlin. (1)

Il est tout naturel que Guillaume II se soit mis en frais d'amabilité vis-à-vis d'un philosophe qui désire doter la France d'*une armée qui n'en soit pas une*. Il est même étonnant que l'empereur ne lui ait pas fait cadeau d'une pipe pareille à celle qu'à reçue M. de Bismarck, duc de Lauenbourg.

~~~

En tout temps, tenons-nous sur nos gardes, ne marchandons point nos peines et prenons bien nos précautions.

Commençons par appliquer dans toute sa rigueur

---

(1) L'empereur d'Allemagne vient d'adresser à M. Jules Simon un exemplaire des *Musikalische Werke Friedrichs der Grosse*, accompagné de cette lettre d'envoi :

Monsieur,

Ayant fait votre connaissance personnelle, après avoir appris depuis de longues années à vous apprécier comme écrivain, savant et philosophe, Je désire contribuer, pour Ma part, à ce que vous gardiez un bon souvenir de la mission pacifique et civilisatrice qui vous avait appelé dans Ma résidence. Je vous enla loi du 18 avril 1886, relative à la répression de l'espionnage en temps de paix (1).

Rigueur indispensable attendu que nous sommes, plus que jamais, envahis par des légions d'émissaires (2).

voie donc un recueil des œuvres musicales de Mon aïeul Frédéric le Grand.

GUILLAUME,
I. R.

Berlin, le 31 mars,

A Monsieur Jules Simon, Paris.

(1). Voici quelques extraits du texte de cette loi protectrice :

. . . .

Art 5. — Sera punie d'un emprisonnement de un à cinq ans et d'une amende de 1,000 à 5,000 francs :

1° Toute personne qui, à l'aide d'un déguisement ou d'un faux nom, ou en dissimulant sa qualité, sa profession ou sa nationalité, se sera introduite dans une place forte, un poste, un navire de l'État ou dans un établissement militaire ou maritime;

2° Toute personne qui, déguisée, ou sous un faux nom, ou en dissimulant sa qualité, sa profession ou sa nationalité, aura levé des plans, reconnu des voies de communication, recueilli des renseignements intéressant la défense du territoire ou la sûreté extérieure de l'État.

. . . .

Art. 9. — Sera punie comme complice toute personnes qui, connaissant les intentions des auteurs des délits prévus par la présente loi, leur aura fourni logement, lieu de retraite ou de réunion...

(2) Nombre d'affaires d'espionnage ont été déjà déférées aux tribunaux français et il s'en est suivi quelques condamnations savoir :

Janvier 1883, à Périgueux, Arthur de Montfort, 5 ans prison ;

Il est indispensable que nous apportions la plus grande circonspection dans le choix de nos relations commerciales.

Exemple :

23 octobre 1888, à Nice, Killian, 5 ans de prison ;
26 mars 1889, à Paris, Kuehn, 3 ans de prison ;
14 janvier 1890, à Paris, Wannaud, 5 ans de prison.
6 août 1859, à Paris, Bonningre, 11 ans de travaux forcés.

Hier encore, 23 mars 1890, le tribunal de Briey était saisi d'une affaire qui a soulevé une assez vive émotion sur notre frontière de l'Est.

Il s'agissait d'un nommé Niemeyer, officier allemand réformé, qui, de son aveu, est employé depuis sa mise en réforme au service de l'espionnage, situation commune, d'après lui, à d'autres officiers allemands congédiés. Niemeyer est marié à une française dont la famille habite Nancy. Il a servi dans le 17e régiment d'infanterie prussienne, en garnison à Mulhouse.

C'est le 8 mars qu'il a été arrêté à Audun-le-Roman, ligne de Thionville-Mézières, où ses allées et venues avaient été, depuis quelque temps, signalées.

Les débats du procès de l'espion ont eu lieu à huis-clos.

Le jugement du tribunal de Briey constate que Niemeyer avait entrepris une véritable tournée d'espionnage. Un carnet de notes et un carnet d'étapes saisis sur lui démontrèrent qu'après avoir inspecté en 1889 Nancy, Lunéville, Remiremont, Épinal et Saint-Dié, Niemeyer était rentré en Alsace, d'où il venait de revenir, muni d'instructions nouvelles.

Ces instructions, très précises, visaient à l'organisation du service d'espionnage dans nos places fortes du Nord-Est. Il n'avait pas eu le temps de se mettre à l'œuvre. C'est à Briey qu'il comptait établir sa résidence centrale.

Le Tribunal de Briey a condamné Niemeyer à 3 ans de prison.

A la lecture du jugement, l'ex-officier s'est écrié : « Vive l'empereur d'Allemagne! »

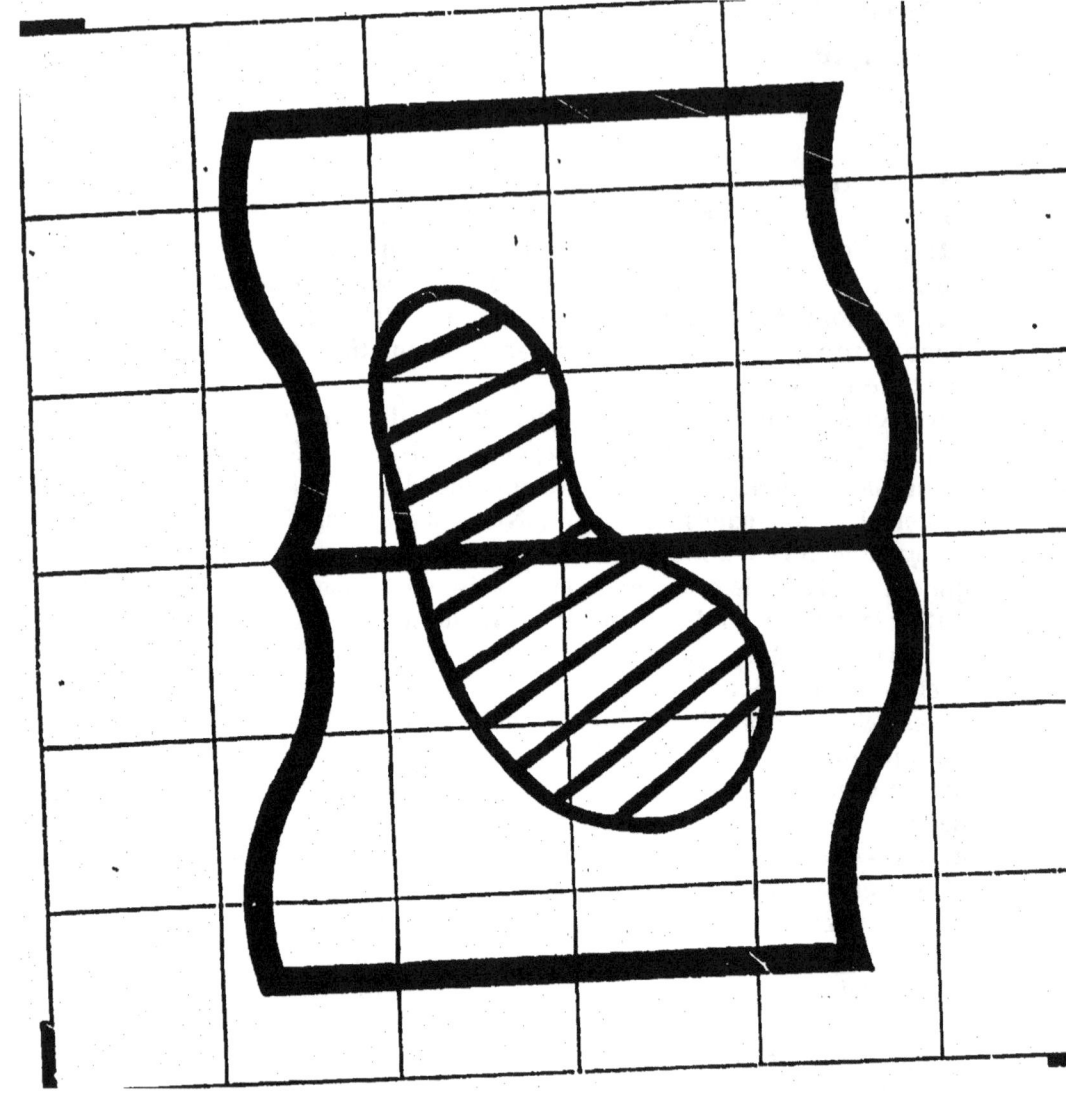

On préconise beaucoup en ce moment l'usage de la tourbe employée à destination de litière d'écurie. Saisi des avantages qu'une société allemande expose à grand renfort de réclames, notre gouvernement a prescrit de procéder à ce sujet à des expériences pratiques. Les garnisons de Vincennes et de Versailles ont été chargées du soin d'étudier la question.

L'adoption de l'innovation qu'on propose entraînerait de sérieux inconvénients. La tourbe donne, en effet, asile à tout un monde de micro-organismes. C'est un vrai conservatoire des germes de toute sorte de maladies épizootiques, un véhicule de contagions multiples.

D'où la tire-t-on cette tourbe ? De la Hollande et de la Prusse. Or a-t-on mesuré l'étendue des dangers que, à un jour donné, à un moment *voulu* par nos voisins de l'Est, pourrait courir la cavalerie de notre armée nationale ? Ne voit-on pas que tous nos chevaux seraient exposés à trouver dans leur litière le microbe de la morve ? Et l'on sait que ni la dessication ni les plus grandes variations de température ne sauraient altérer les propriétés virulentes de cet animalcule redoutable.

Si l'on admettait que nos chevaux fussent pourvus de litière originaire des tourbières d'outre-Rhin, les Allemands seraient à même de nous envoyer, quand bon leur semblerait, la morve et de ruiner du coup notre Cavalerie. Ils trouveraient cela de bonne guerre.

Soyons prudents !

~~~

Avant tout, il nous faut des forces imposantes ; nous ne devons pas hésiter à consentir toute espèce de sacrifices à l'effet d'acquérir une puissance militaire en harmonie avec nos besoins de sécurité.

Bien qu'il s'élève au chiffre respectable de 738,831,750 francs et quelques centimes, notre budget de la guerre est encore insuffisant. L'exécution de divers services a besoin d'être perfectionnée. Et, d'ailleurs, est-il admissible que nos efforts budgétaires n'atteignent pas au niveau de ceux des Allemands ? (1). Non. Il est indispensable que, nous faisant l'écho des paroles de M. de Bismarck (2),

(1) On a vu ci dessus (chap. III) que le budget de la guerre de l'empire d'Allemagne s'élève à 860,533,182 francs. Il dépasse donc le nôtre de 121,701,132 fr. Et encore sommes-nous en deçà du vrai, attendu que les matières premières et la main-d'œuvre sont à meilleur marché par delà nos frontières que chez nous.

(2) Discours au Reichstag, séance du 6 février 1888.

5.

nous puissions dire comme lui : « Nous avons les
» ressources nécessaires à l'effet de former une
» armée énorme. »

⁓

Quel est, à l'heure actuelle, l'effectif de nos combattants ?

En vue d'obtenir du Parlement allemand tous les crédits dont il accuse le besoin, le gouvernement impérial ne cesse de jeter du côté de la frontière de France des regards qui semblent trahir la plus vive inquiétude. Ses journaux officieux déclarent en termes émus que, lorsque notre loi du 15 juillet 1889 aura sorti son plein effet, l'armée française sera numériquement de beaucoup supérieure à l'armée allemande.

Voilà ce que, par euphémisme, nous appellerons une énormité, à l'expression de laquelle ne sauraient applaudir les *Iahrbücher für die deutsche Armee und Marine*.

Ayant, en effet, longuement sollicité le texte de notre loi précitée du 15 juillet 1889, un des collaborateurs de cette Revue savante aboutit à cette conclusion que, *tout compris*, la France disposera finalement, en cas de guerre, d'un effectif de « quatre millions trois cent mille (4,300,000) hommes. »

Si considérable qu'il soit, ce chiffre est notablement inférieur à celui des troupes allemandes, également considérées en temps de guerre. Nos voisins l'emportent sur nous de près de trois millions d'hommes ! (1).

L'explication d'un tel écart est facile ; les causes en sont connues (2). Il s'agit de les faire, autant que possible, disparaître ou, tout au moins, d'en atténuer l'effet.

---

(1) Nous avons dit plus haut (chap. III) que l'effectif total de l'armée allemande est de sept millions cent soixante-dix-huit mille (7,178,000) hommes. Le chiffre de ces forces est, par conséquent, supérieur à celui des nôtres, et supérieur de deux millions huit cent soixante-dix-huit mille combattants.

Nos voisins de l'Est n'ont donc pas, tant s'en faut, à geindre. Il est même permis de dire que, lorsqu'ils se plaignent de voir démesurément grossir nos effectifs, leurs plaintes amères sont feintes ou intéressées, ou qu'ils s'amusent à faire une plaisanterie énorme.

(2) La population de l'empire d'Allemagne s'élève au chiffre de 45 millions d'âmes, tandis que celle de la France n'est que de 38 millions. Le service militaire est dû, chez nos voisins, à partir de dix-sept ans ; chez nous, à partir de vingt.

• Telles sont les deux causes principales.

Mais, dans un ordre d'idées quelconque, la quantité ne fait pas tout, quoi qu'on prétende. Le nombre n'est pas l'unique facteur de la valeur d'une armée. Qui veut nettement apprécier cette valeur doit aussi prendre en considération la qualité des combattants. Tout considéré, nos troupes valent-elles mieux que celles de nos voisins de l'Est? Pour des raisons diverses, nous ne voulons pas élucider la question; mais nos voisins, qui savent tout, doivent se dire que le sang de nos hommes a du bon et que leur instruction militaire n'est pas à dédaigner.

Un mot seulement touchant le personnel de nos officiers de toutes armes: « Nous avons, disait naguère M. de Bismarck, un corps d'officiers comme n'en a aucune puissance. » (1).

Était-il bien sûr de son fait, quand il disait cela, l'ancien chancelier de l'empire d'Allemagne?

Une telle proposition nous semble, à nous, frappée au coin de l'outrecuidance. En tout cas, elle ne nous est pas démontrée.

---

(1) Discours au Reichstag, séance du 8 février 1830.

Il est indispensable qu'un bon personnel de combattants ait à sa disposition un excellent matériel de guerre, surtout un matériel d'artillerie de qualité supérieure. Oui, tout peuple qui veut vivre en paix avec ses voisins est d'abord tenu de leur faire savoir — et de leur ressasser de telle façon que ceux-ci n'en ignorent — qu'il est et demeure muni de quantité d'armes à feu portatives, ainsi que de canons *de campagne, de montagne, de côtes, de siège et place et de bord*. Voilà le meilleur et même le seul moyen dont il puisse disposer pour s'assurer la jouissance d'une paix dont les poètes lui chantent les « délices. »

Tel était l'avis de Biton, célèbre mathématicien grec du troisième siècle avant notre ère, auteur du *Traité des machines de guerre et des catapultes*. « De
« tous les problèmes abordés par les philosophes le
« plus grand, professe-t-il, le plus urgent et indis-
« pensable à résoudre est celui du maintien de la
« paix. Jusqu'ici, parmi les maîtres de la science, la
« question a soulevé et soulève encore quantité de
« controverses. Selon moi, de pareilles discussions,
« purement spéculatives, n'ont aucune chance
« d'aboutir au moindre résultat utile.

« Sur ce terrain infécond, les arts industriels ont
« plus et mieux produit que les mots creux et les
« vains discours. C'est surtout l'art qui a reçu le
« nom d'*artillerie* (τὴν καλουμένην βελοποιΐαν) qui donne

« aux hommes un peu de sécurité et leur garantit
« une vie paisible.

« Grâce à l'artillerie, en effet, point d'attaque
« inopinée à craindre en temps de paix. Que la
« guerre éclate, rien ne saurait ébranler l'aplomb
« de qui sait la valeur des engins balistiques (τῶν
« ὀργάνων φλοσοφία). Il faut donc, en tout temps, don-
« ner tous ses soins à l'artillerie; y consacrer tous
« les moyens d'action que peut suggérer la pru-
« dence.

« Si la paix règne, nul doute qu'elle se main-
« tienne et se fortifie du fait de l'activité déployée
« en matière d'armement.

« Qu'on néglige, au contraire, l'artillerie, la
« moindre machination aura vite raison d'un État
« pris au dépourvu. »

Vitruve partage absolument l'opinion de son illustre devancier. Il déclare, en effet, qu'un bon matériel d'artillerie est le meilleur garant possible du maintien de la paix et de la sécurité des nations (*præsidia periculi et necessitatem salutis*).

Voilà ce qu'on pensait, dans l'antiquité, des mérites moraux et politiques de cet art que les grecs nommaient Βελοποιΐα (ou Βελοποιΐκη) et Καταπελτικὴν.

Eh bien ! nous en dirons autant de l'artillerie moderne.

Que ceux qui veulent assurer à leur patrie menacée les bienfaits de la paix perpétuelle commencent par la doter d'un bon matériel d'artillerie. Et il convient d'observer que le service de notre artillerie nationale comprend, outre l'usinage des canons et de leurs projectiles, la fabrication des armes à feu portatives, des armes blanches, du matériel roulant, etc., etc., etc.

Sommes-nous bien, comme on dit, à *hauteur* de l'artillerie allemande?

Sans fatuité, nous le pensons (1).

D'autre part, nous qui observons une attitude essentiellement défensive, nous ne devons pas omettre d'appuyer nos opérations éventuelles d'un bon système d'ouvrages de fortification permanente.

Cette importante question fera l'objet des chapitres suivants.

(1) Et nous pensons l'avoir prouvé en nos précédentes études, notamment *L'artillerie de Bange*, Paris, Masson, 1885 ; *L'artillerie Krupp*, Paris, Masson, 1883; *L'artillerie*, Paris, Hachette, 1887; *L'artillerie moderne*, Paris, Kolb, 1889; — *Les Industries du Creusot*, Paris, Plon, 1890.

VII

BASES RATIONNELLES D'UNE BONNE DÉFENSE NATIONALE

Les contempteurs de l'art de la fortification. — Théorie de Clausewitz. — Le rôle dévolu aux places fortes. — Leurs propriétés stratégiques et tactiques. — Mode d'action *intérieur*. — Mode *extérieur*. — Les places fortes sont les points d'appui les plus solides de l'organisation défensive d'un pays. — En dépit de la puissance d'action des obus-torpilles, on peut toujours construire des fortifications permanentes. — Question d'avenir. — Théorie des ouvrages *improvisés*. — Souvenirs du siège de Sébastopol. — Avis de Todtleben. — Camps retranchés à la *Plewna*. — Les *forteresses mobiles* du général Von Sauer. — Les fortifications dites *du moment*. — Les coupoles Schumann *de campagne*. — Ce que M. de Moltke pense de la valeur de ces *Schutzengrabenpanzer*. — Opinion du major Scheibert. — Réfutation du système des places *improvisées*. — Dispositif des forteresses sur l'échiquier du territoire qu'elles sont appelées à défendre. — Places isolées. — Régions fortifiées.

Nous avons dit ailleurs (1) que l'art de la fortifi-

---

(1) *Frontières de France.* — Paris, librairie illustrée.

cation a, de tout temps, eu ses détracteurs passionnés, mais qu'il n'en a jamais eu plus qu'aujourd'hui, sans doute à raison de l'action continue de ce qu'on est convenu d'appeler le « progrès » des idées. Ces contempteurs sont en si grand nombre et leurs dangereuses théories procèdent de tant de principes divers que nous avons pu, tant bien que mal, en essayer une classification méthodique (1).

Le meilleur moyen de réfuter le sophisme est, sans contredit, de prendre l'avis des maîtres, d'invoquer l'opinion des célébrités — gens de guerre ou autres — faisant autorité en la matière. Dans cet ordre d'idées, nous avons exposé ce que pensaient Napoléon, Carnot et Sainte-Suzanne du rôle dévolu aux places fortes dans l'œuvre de la défense des États. Nous avons produit, touchant le même sujet, l'opinion de La Bourdonnaye, de Paixhans, du maréchal Bugeaud, de M. Thiers. Il nous reste à mentionner l'avis de Clausewitz, de ce maître que les Allemands appellent le sublime, le divin Clausewitz.

Quelles sont donc là-dessus les idées de l'auteur de la *Théorie de la Grande Guerre* ?

Le rôle des fortifications, dit-il, (2) n'est plus

---

(1) *Frontières de France.* — Paris, Librairie Illustrée.
(2) Tome II. — LA DÉFENSIVE. — chap. X et XI. *Des places fortes*, traduction de Vatry. — Paris, Baudoin, 1886-89.
En traduisant le grand ouvrage du général prussien Charles de Clausewitz, en paraphrasant et interprétant, comme il l'a fait,

comme autrefois de sauvegarder directement les richesses et la population des centres habités mais bien — du fait de leur action stratégique — de protéger indirectement le pays tout entier. Autrement dit, les places sont aujourd'hui les nœuds de consolidation du réseau stratégique servant de canevas d'ensemble aux opérations de la défense.

Les places fortes servent à abriter les grands magasins d'approvisionnements de la défense; à protéger les grands centres de population.

Ce sont d'excellents points d'appui tactiques, des stations sûres pouvant donner asile à des corps battus ou trop faiblement constitués. Ce sont les boucliers de la défense. Elles couvrent de grandes étendues de cantonnements, servent d'égide aux provinces non occupées, concourent puissamment à la défense des fleuves et des montagnes et peuvent être prises pour centres d'action par les populations qui tentent des soulèvements.

Telles sont leurs propriétés générales.

---

le texte souvent nuageux de l'auteur, le colonel de Valry vient de rendre un grand service aux officiers de notre armée, aux hommes d'État, aux diplomates, aux élus du pays, à tous ceux de nos compatriotes dont l'action personnelle, les conseils ou les votes peuvent exercer quelque influence sur la direction de notre politique extérieure.

L'action d'une place forte s'exerce suivant deux modes distincts : l'un, *intérieur* ; l'autre, *extérieur*.

Selon le premier mode essentiellement défensif, la place protège directement la portion de territoire qu'elle occupe. Extérieurement, au delà même de la portée de ses canons, elle étend sur la région environnante une influence indéniable.

L'action extérieure peut s'exercer de deux façons distinctes selon que la place lance directement sur l'ennemi des détachements tirés de sa garnison ou que, du seul fait de sa situation, elle concourt à des opérations exécutées par les corps amis qui se tiennent en communication avec elle et peuvent, au besoin, se réfugier sous ses murs.

Les détachements de la garnison chargés du soin d'exécuter des sorties sont généralement d'un effectif très inférieur à celui des forces adverses qui tiennent la campagne. Le diamètre du cercle d'action d'une grande place ne peut que rarement dépasser une ou deux journées de marche. Les détachements d'une petite ne peuvent guère s'aventurer au delà des villages les plus proches.

En somme, les places fortes sont les points d'appui les plus solides du système défensif d'un pays. Une armée défensive sans places fortes est, en cent points divers, vulnérable. On peut la comparer au corps d'un combattant sans armure.

Les places fortes doivent être dites clés des obstacles, serrures des barrières que l'invasion rencontre au cours de sa marche en avant. Il est évident, par exemple, qu'une double tête-de-pont commandant un fleuve en interdit le passage sur une longue section.

※

Alors même qu'elle ne couvre aucun camp retranché proprement dit, une forteresse de moyenne importance abrite des coups de l'adversaire un corps de troupe qui vient se réfugier sous son canon. Il est vrai que, s'il use trop longtemps de la protection qui lui est offerte, ce corps perd tout moyen de continuer sa retraite, mais est-ce là un grand mal ? Poursuivre cette retraite ce serait parfois s'exposer au danger d'une complète destruction.

Le plus souvent, le succès de la retraite ne sera pas compromis du fait d'un séjour de quelques journées sous les murs de la place qui se trouve sur sa ligne. Cette forteresse offre un refuge aux hommes légèrement blessés ou disparus, et leur permet de rejoindre leurs corps respectifs. Ce n'est qu'à la guerre qu'on peut se rendre un compte exact du rôle bienfaisant que peut exercer, en cas de malheur, la proximité d'une place amie.

Cette place offre à de braves gens en détresse des vivres, des munitions, des établissements hospitaliers. Les secours qu'elle prête ne sont, d'ailleurs, pas uniquement matériels. Elle raffermit le moral des valides et donne aux timorés le temps de la réflexion. En cas de déroute, on peut vraiment comparer une place forte à une oasis au milieu du désert.

Tel est l'avis de Clausewitz.

~~~

Avec ce « divin » Clausewitz, il nous est bien permis d'admettre que des fortifications sont indispensables à l'accomplissement de l'œuvre de la défense des États. Oui, à tout État jaloux de conserver son indépendance il a toujours fallu, il faudra toujours des points forts pour entraver la marche de l'ennemi ; pour défendre l'accès des positions importantes, de l'occupation desquelles dépend le succès des opérations stratégiques de cet envahisseur.

Il lui faudra toujours, pour ses propres armées actives, des points d'appui, des pivots de manœuvres, des têtes-de-pont doubles, de grands dépôts d'armes, des magasins de vivres, de munitions, d'effets d'habillement et d'équipement, de matières premières de toute espèce. Or ces têtes-de-pont, ces pivots, ces appuis, ces dépôts, ces magasins doivent nécessairement être mis à l'abri des coups de main ou des coups de force d'un adversaire entreprenant. Comment les abriter, sinon par le moyen des fortifications?

~~~

Soit, dira-t-on, les forteresses pouvaient rendre quelques services alors que les moyens d'attaque étaient notablement plus faibles que ceux dont disposait la défense, mais aujourd'hui que les projectiles creux à charge de matières brisantes ruinent en un clin d'œil les parapets les plus épais, les maçonneries les plus solides, il n'est plus de fortifications possibles.

Eh bien ! c'est une erreur.

Il est surabondamment démontré qu'on peut construire des ouvrages permanents capables d'opposer aux obus-torpilles autant de résistance que les anciens ouvrages en opposaient aux boulets pleins. Les nouveaux mortiers n'exercent pas sur les forts qu'on bâtit à présent une action plus redoutable que celle des anciens mortiers à âme lisse sur les forts d'autrefois.

~~~

Mais, objecte-t-on encore, la science marche à grands pas dans la voie du progrès et, dès maintenant, il est permis de pressentir qu'elle aura bientôt trouvé quelque bon moyen d'avoir raison des constructions qui résistent encore aux effets de la dynamite ou du fulmi-coton enfermés sous des enveloppes métalliques.

C'est encore une erreur.

« Les seules substances, dit fort bien le général Brialmont (1), les seules qui, d'après l'expérience, paraissent pouvoir entrer dans la préparation des explosifs sont en nombre limité, comme les corps simples qui les composent. Une foule de combinaisons ont été réalisées et mises à l'épreuve. Or le résultat a prouvé que toutes les poudres brisantes employées jusqu'ici dans les obus produisent, à poids égal, des effets différant peu l'un de

---

(1) *Les Régions fortifiées.* — Bruxelles, E. Guyot, 1890.

l'autre. Il existe cependant des explosifs d'une puissance beaucoup plus grande. Tels sont les éthers perchloriques et éthyliques ; mais leur préparation est si coûteuse et si dangereuse, leur conservation si incertaine, leur maniement expose à tant de périls qu'on ne peut songer, dans l'état actuel de nos connaissances, à les employer pour le chargement des projectiles. »

Quelques ennemis déclarés de la fortification permanente exposent avec conviction que les procédés de la guerre moderne ne comportent plus que des ouvrages dits *improvisés*. Ils invoquent, à l'appui de leur étrange théorie, l'importance du rôle tenu par des ouvrages de ce genre au cours de la mémorable défense de Sébastopol. Mais, dit lui-même Todtleben, « si Sébastopol avait été entourée de fortifications permanentes, nous n'eussions eu aucun besoin d'employer chaque jour de 5,000 à 10,000 hommes à des travaux indispensables.... — Le siège de Sébastopol vient vérifier, une fois de plus, l'opinion rationnelle que les hommes de guerre n'ont jamais cessé d'affirmer, à savoir qu'il est toujours nécessaire de protéger les points stratégiques importants en érigeant *en temps de paix* des ouvrages permanents complètement à l'abri d'un coup de main et dotés d'une quantité suffisante de casemates pour y abriter la garnison et les approvisionnements. »

Ces ouvrages improvisés dont on parle, Todtleben n'eût pas eu le temps de les construire si, au lendemain de la bataille de l'Alma, les alliés avaient immédiatement attaqué la place par le nord ; s'ils n'avaient pas commis la faute de s'arrêter sous ses murs pour en faire le siège alors que, le premier jour, une reconnaissance poussée à fond eût clairement établi qu'on pouvait emporter d'emblée une place dépourvue de remparts sérieux.

L'argument est donc de nulle valeur.

∿∿

La belle défense de Plewna a fourni d'autres moyens oratoires aux avocats de la cause des ouvrages « du moment ». Des enthousiastes sont allés jusqu'à prétendre qu'il ne faut plus désormais organiser que des *camps retranchés à la Plewna*. Ils oublient qu'Osman-Pacha n'a pu se retrancher ainsi qu'à raison d'une faute des Russes qui lui ont laissé le temps de le faire. Ultérieurement, ces retranchements turcs ont, il est vrai, longtemps arrêté l'assaillant. Oui, mais pourquoi ? C'est que celui-ci s'est, à tort, obstiné à procéder par voie d'attaques méthodiques.

L'exemple de Plewna ne prouve donc absolument rien.

~~~

Malgré tout, le général Von Sauer fait un pas de plus dans le champ des innovations dangereuses. « Il est permis, dit-il, de se demander s'il ne serait pas plus judicieux de préparer les matériaux nécessaires à l'effet d'improviser une place répondant aux besoins « du moment » et située sur le point où son action serait le plus efficace. Une forteresse *mobile* ne serait autre chose qu'un grand dépôt de tous les matériaux nécessaires à l'effet de créer une place « du moment ». On les entreposerait, ces matériaux, à un nœud de voies ferrées qui serait, en même temps, une grande ville. »

~~~

Partisan convaincu d'un système d'ouvrages dits *du moment*, le général Pierron expose qu' « une armée peut aujourd'hui porter avec elle un *rempart mobile* dont elle pourra se couvrir là où le besoin s'en fera sentir, si elle est munie d'explosifs propres à ouvrir rapidement de longues tranchées dans le sol. »

Dans le même ordre d'idées, le lieutenant-colonel Schumann préconise l'usage d'une petite coupole à éclipse de son invention, coupole armée d'un canon de 37 ou de 53 millimètres, à tir rapide. Deux hommes suffisent à en faire le service. On la transporte facilement là où besoin est, sur un petit charriot traîné par un seul cheval. Épais de 25 millimètres, le cuirassement ne peut parer que les balles et les petits éclats d'obus.

Idée féconde et nouvelle ! se sont écriés quelques admirateurs. Nouvelle, non. L'appareil que construit la maison Grüson n'est pas une nouveauté, tant s'en faut. Xénophon, par exemple, nous apprend que les tourelles de campagne mobilisées sur chars étaient en usage en Perse dès la plus haute antiquité (1).

M. de Moltke était, en principe, hostile à l'adoption de ces coupoles *de campagne*. « Ces tours mobiles en acier, aurait-il dit, sont comme ces chefs-d'œuvre d'horlogerie qu'un rien dérange et dont on ne peut se servir longtemps. » La volonté expresse de l'empereur l'a emporté et ces *Schützengrabenpanzer* (affûts cuirassés mobiles) ou coupoles transportables ont fait, l'année dernière, leur entrée en scène aux grandes manœuvres d'Else en Hanovre. Le Xme corps avait à sa disposition huit tourelles cuirassées.

Les officiers allemands admettent théoriquement la mise en service de ces ouvrages mobiles, sous la condition que les feux rapides qui en émanent ne devront servir qu'à renforcer l'effet des feux de mousqueterie.

(1) Conf. *Frontières de France*, Paris, Librairie illustrée.

Le major Scheibert nous semble faire, à cet égard, un peu d'exagération. Il estime que ces coupoles « ont fait faire un grand pas en avant à la » fortification en lui donnant la souplesse que l'art » de la guerre moderne exige impérieusement. » En d'autres termes, le major prétend que l'emploi du nouveau matériel permettra d'improviser, au moment voulu, des places fortes là où besoin sera. Il s'attache à démontrer qu'il convient d'établir, à cet effet, de grands dépôts centraux de canons de gros calibre, de coupoles légères et de wagons spéciaux affectés au transport à pied d'œuvre de ces tourelles et bouches à feu.

Mais, répond à ce propos le général Brialmont, « bien mal inspiré serait l'ingénieur qui, avec de pareilles coupoles et des matériaux tenus en réserve dans des dépôts, s'engagerait à construire des places de guerre !... aujourd'hui surtout que les armées n'ont besoin que de cinq ou six jours pour se mobiliser et du même laps de temps pour opérer leur concentration stratégique. »

Les hardis prôneurs du système des places *mobiles* omettent d'observer que les points stratégiques destinés à servir d'assiette aux forteresses ont une valeur propre dépendant de leur position par rapport à la frontière, de la nature de leur site, du nombre et de l'importance des voies de communication sur lesquelles ils exercent un commandement indiscutable et de divers autres éléments qui demeurent *invariables*, tant que l'État considéré garde ses limites territoriales.

Il faut remarquer enfin que, plus les moyens d'attaque acquerront de puissance, moins il sera facile de construire et de défendre des places *improvisées*.

On continuera donc, ce nous semble, à faire, comme par le passé, des fortifications permanentes organisées, dès le temps de paix, moyennant l'emploi des ressources dues au progrès des arts industriels. Ces ouvrages ne sont nullement exposés à perdre de leur importance. « Nous ne croyons pas, dit le général Brialmont, non nous ne croyons pas commettre une erreur et nous exposer à recevoir un démenti des faits en soutenant que *la supériorité de la défense sur l'attaque s'accroîtra avec la puissance des moyens de destruction.* »

Cela posé, suivant quel dispositif les places fortes d'un État doivent-elles être réparties sur l'échiquier du territoire qu'elles sont appelées à défendre?

La place forte *isolée* n'a plus l'importance d'autrefois. Si grande et bien organisée qu'elle puisse être, elle est aujourd'hui morte au point de vue stratégique. Cette place, l'envahisseur la bloque, la masque, l'observe ou même ne s'en occupe point. Il passe à quelque distance hors de la portée du canon de cet ermitage fortifié... il passe et ne craint pas de le laisser sur ses derrières. Non, une grande place isolée n'arrête pas une armée. En 1870-71, Paris n'a pas empêché le prince Frédéric-Charles de pousser jusqu'au Mans.

D'autre part, une armée investie ou seulement observée dans une place isolée perd toute indépendance. Ne disposant que d'un pivot unique, n'ayant qu'une seule ligne de retraite, il lui est difficile de déboucher de la position qu'elle occupe.

Ce qu'il importe aujourd'hui d'établir, ce sont des « groupes de places » constituant, dans leur ensemble, autant de *régions fortifiées*.

VIII

THÉORIE GÉNÉRALE DES « RÉGIONS FORTIFIÉES »

Importance de l'action stratégique et tactique d'une région fortifiée. — Faits historiques. — Les *positions centrales* du général de Maureillan. — Le grand *trilatère* Duvivier. — La *région parisienne* du colonel de Laage. — *Positions fortifiées* de Paixhans. — Projet Madelaine. — Extrait d'un mémoire du général de Rivière. — Opinions émises à l'étranger. — Le *bastion stratégique* de Clausewitz. — Les groupes de forteresses du général Willisen. — Les groupes du colonel de Geldern. — Les *régions fortifiées* du général Brialmont. — Propriétés générales. — Situation. — Étendue. — Nombre de places composantes. — Organisation d'une région. — Forteresse principale. — Places d'appui. — Communications. — Garnison normale. — Approvisionnements.

Elle est depuis longtemps reconnue, l'importance des avantages stratégiques et tactiques dont jouit une armée opérant sous l'appui de plusieurs forteresses rapprochées et méthodiquement conjuguées. L'Histoire est là qui nous l'apprend.

Exemple :

Ayant, à trois reprises successives, battu les Romains à plates coutures, Annibal marchait de Spolète sur Rome. Mais, avant de pouvoir insulter les remparts de la ville éternelle, il lui fallait d'abord avoir raison des places qui — comme Bevagna, Todi, Narni — défendaient les affluents du Tibre et faisaient de la région romaine une *région fortifiée*, éminemment favorable au succès des opérations de ses adversaires. En présence de ces difficultés, le vainqueur de Trasimène hésita... et, finalement, dut renoncer à l'entreprise.

A deux mille ans de là, durant la sinistre guerre de 1870-71, Faidherbe tire sa principale force de l'appui que lui prête un groupe de places du Nord, faisant partie du système jadis conçu et exécuté par Vauban. Grâce aux propriétés militaires de cette « région fortifiée », la petite *Armée du Nord* fait sentir au loin son action. Sa marche résolue sur Amiens a pour conséquence la retraite des troupes prussiennes qui, après avoir occupé Rouen, menacent déjà le Havre.

Ah ! si, après la mauvaise journée de Wœrth, le maréchal de Mac-Mahon s'était ainsi jeté au cœur des places du Nord, les choses eussent pu prendre une tournure tout autre que celle dont nous subissons aujourd'hui les conséquences.

La question des « Régions fortifiées » mérite bien, on le voit, qu'on l'étudie à fond.

Analysons d'abord la genèse de l'idée.

Que doit faire, se demandait en 1816 le général de Maureillan, que doit faire une armée chargée du soin de défendre une certaine étendue du territoire national alors que, du fait de son infériorité numérique, elle est hors d'état de faire tête à l'armée ennemie?

« Cette armée, professait le général, doit s'établir dans une *position centrale* maîtrisant bien tout le pays confié à sa garde. La position occupée doit être telle que, en profitant de toutes les localités et en s'y retranchant fortement, l'armée soit en état de résister à toute attaque directe soit de front, soit de flanc. Cette position centrale doit couvrir, en même temps, tous les points où l'on placera les dépôts de vivres, de munitions de guerre de tout genre et les arsenaux. Il faut encore qu'elle soit telle que, si l'ennemi veut essayer de la tourner par quelque manœuvre stratégique, l'armée puisse en sortir facilement pour aller le combattre dans le moment où, exécutant cette manœuvre, il se trouve désuni et laisse à découvert sa base d'opérations ainsi que ses lignes de convois.

« Si tout est à créer, c'est-à-dire s'il n'existe aucune place forte, il faut déterminer dans quelle position vous placeriez vos armées comme si l'on ne devait pas construire de places; quelles manœuvres ces armées devraient exécuter pour déjouer tous les projets d'attaque ; quels postes l'on devrait occuper pour flanquer ces armées et être prévenu à temps de toutes les manœuvres stratégiques des ennemis ; enfin, quels seraient les postes intermédiaires qu'il faudrait avoir pour lier les armées entre elles. Cette étude préliminaire donnerait la détermination des points où les places devraient être construites et servirait à décider de l'importance et du degré de force de chacune.

« Les places fortes ne doivent pas être considérées comme une ligne d'obstacles que l'on oppose aux armées ennemies, mais bien comme donnant, par leur ensemble, des positions inaccessibles dans lesquelles les armées s'établissent et d'où elles partent pour aller s'opposer à tous les mouvements d'agression.

« Par cette raison, une frontière ne doit pas être uniformément garnie de places. C'est autour de la *position centrale* qu'elles doivent être principalement situées. Et si, par l'étendue des frontières, il est nécessaire d'avoir plusieurs armées, les positions centrales étant établies, il ne faut que quelques places pour les lier entre elles et pour favoriser l'action simultanée de toutes les armées.

« On voit qu'il est impossible de former une *position centrale* par le moyen d'une seule place, ou même par une place à laquelle on aurait ajouté un vaste camp retranché.

En thèse générale, « le système des grandes places augmentées de vastes camps retranchés me paraît inadmissible car il ne satisfait qu'à une seule condition, celle de livrer bataille dans une bonne position, si toutefois l'ennemi se décide à venir vous y attaquer. »

On voit que Maureillan a le premier et très clairement posé le principe des « Régions fortifiées. »

Dix ans plus tard (1826), le général Duvivier expose, à son tour, les mérites d'une grande place triangulaire faite pour assurer à notre pays un moyen rationnel de défense. « Les sommets de ce trilatère seront, dit-il (1), le sommet du delta près Nevers, Moulins et Dijon. La Loire et l'Allier lui serviront de fossés sur deux faces; les affluents retenus et déviés formeront le fossé du troisième côté. »

---

(1) *Essai sur la défense des États*, 1826.

Le projet du colonel de Laage, publié en 1829, consistait en la transformation du mur d'octroi de Paris en enceinte défensive appuyée de trois citadelles et en la construction de trois grandes forteresses assises : la première, au confluent de la Seine et de l'Orge ; la deuxième, au confluent de l'Oise ; la troisième, sur la Marne, à hauteur de Brévonne. « Dans cette combinaison, disait l'auteur (1), l'enceinte de Paris serait une courtine, contre laquelle l'ennemi se garderait bien d'avancer, ayant 40,000 hommes sur ses flancs. »

La question des Régions fortifiées étant à l'ordre du jour, Paixhans s'empresse de l'étudier.

« Dans l'espace compris entre trois ou quatre places fortes, je choisis, écrit-il en 1830 (2), un camp que je fortifie. Puis, à partir de ce camp central, je conduis une ligne de fortification à double face... Ces trois ou quatre bras tendus du camp vers

(1) *Le Spectateur militaire* de 1829.
(2) *Force et faiblesse militaire de la France*, 1830.

trois ou quatre forteresses ne seraient pas toujours des lignes de fortifications bâties, mais une rivière, un canal, une route à fossés revêtus, etc. Et on y trouverait, de distance en distance, des passages dominés de près par des ouvrages bien armés. »

Paixhans entendait établir « sur chaque ligne d'invasion une ou deux *grandes positions fortifiées* où l'armée tout entière puisse longtemps vivre et agir. » Il réclamait pour la France l'établissement de *trois grandes positions fortifiées*, dont l'une — celle de Soissons — eût étendu son action sur l'Oise, l'Aisne et la Marne.

Dix ans après, en 1840, le capitaine Madelaine émet un projet analogue. Il propose de munir Paris d'une enceinte à l'épreuve d'une attaque de vive force et de créer, à dix ou quinze lieues en avant de cette enceinte, trois grandes forteresses. Assis respectivement sur la Seine, l'Oise et la Marne, ces camps retranchés eussent comporté chacun de 4,000 à 5,000 hommes de garnison, et donné — aussi chacun — appui à 30,000 ou 40,000 hommes de troupes de campagne.

~~~

Après la guerre, enfin, alors qu'il s'agissait de procéder à la réorganisation de notre système défensif, un mémoire du général de Rivière — en date du 20 mai 1874 — exposait que le Comité de défense avait reconnu la nécessité d'organiser « un *groupe* formé par les places de Reims et de Laon, transformées en *places d'appui* et soutenues en arrière par Soissons. Solidement appuyée sur ces deux places, l'armée française pourrait, tout en résistant de front, exercer une action de flanc sur les grandes communications de la vallée de la Marne... »

L'excellence du principe des « Régions fortifiées » se trouvait ainsi formellement et expressément reconnue.

~~~

L'étude de cette intéressante question n'est pas seulement en faveur en France, mais encore à l'étranger.

Les places fortes doivent-elles s'établir isolément ou par groupes? se demandait vers 1829 l'illustre Clausewitz. Oui, répondait-il (1), « l'espace compris entre deux, trois ou quatre forteresses distantes chacune de quelques journées de marche d'un centre commun constitue un *bastion stratégique* d'une énorme puissance. Un dispositif de ce genre confère aux troupes qui l'occupent une force considérable. »

~~~

Le général Willisen partage l'opinion de Clausewitz : « Pour arrêter, dit-il, une armée d'envahisseurs en marche sur Paris, il suffirait de créer sur le flanc de la ligne d'invasion des *groupes de forteresses* en liaison assurée avec le cœur et le gros des ressources de la France.

(1) Traduction du colonel de Vatry. — Paris, Baudoin, 1888-1889.

« La défensive, ajoute l'auteur (1), exécutera ses retours offensifs en toute sécurité si elle se meut à l'intérieur d'un cercle de places fortes — cercle fermé à l'ennemi — si ces places ne sont éloignées les unes des autres que d'une petite journée de marche.

« Des groupes de places fortes situées près de la frontière, sur le flanc de la ligne d'invasion naturelle, rempliront on ne peut mieux cette condition, s'ils sont à cheval sur un grand cours d'eau.

« Il faut que le groupe de places fortes assure la liaison (des troupes de campagne) avec le centre du pays, tout en menaçant de près les communications de l'envahisseur... »

Le colonel de Geldern est franchement du même avis et s'exprime en ces termes (2) :

« Pour procéder efficacement à la défense d'une frontière au moyen de la fortification, il faut — en utilisant les avantages géographiques — établir entre les *lignes d'invasion naturelle* un groupe de forte-

(1) *Theorie des grossen Krieges*, 1810-1866.
(2) *Befestigungs-System an Frankreichs Ost-Grenze*, Vienne, 1875.

resses à portée de se soutenir les unes les autres et de couvrir les lignes de ravitaillement principales de l'armée de la défense.

« Un groupe de trois à quatre places, espacées entre elles à la distance d'un jour de marche, permet à cette armée de se dérober à tout mouvement enveloppant de l'assaillant et d'agir avec sécurité sur les flancs et les derrières de celui-ci. »

~~~

Tout récemment enfin, le général Brialmont — qui fait autorité en la matière — vient de publier une « théorie » complète du mode de groupement des forteresses affectées à la défense d'un territoire (1).

L'analyse de ce corps de doctrines sera pour nous du plus haut intérêt.

~~~

(1) *Les Régions fortifiées*, leur application à la défense de plusieurs États européens. — Bruxelles, Guyot, 1890.

Quelles sont, d'après l'auteur, les propriétés militaires dont jouissent les *Régions fortifiées?*

En voici l'énumération rapide :

Il est plus difficile à l'ennemi de tourner, de bloquer, d'assiéger un groupe de places qu'une seule grande forteresse à ceinture de forts détachés. Une région fortifiée offre l'avantage de couvrir une plus grande étendue de frontière; d'offrir à l'offensive un plus grand nombre de directions indépendantes; à la retraite, plus de facilités. Elle impose à l'ennemi l'obligation d'étendre sa position centrale, afin de ne point démasquer ses projets s'il veut prendre l'offensive, et de ne pas être tourné ou débordé s'il doit demeurer sur la défensive. Enfin, l'application de ce système des groupes à la défense des États implique un *moindre nombre de points forts* et immobilise *moins de troupes* que celle des autres méthodes.

Où convient-il, selon le général Brialmont, d'établir de tels dispositifs de défense?

Au cas d'une frontière ne comportant qu'une seule et unique zone d'invasion, c'est une portion de cette zone que doit occuper la région fortifiée, que l'objectif soit, ou non, muni d'ouvrages défensifs.

Quand une frontière comprend deux zones d'invasion, la « région » doit s'établir dans l'intervalle de ces zones, à moins que ledit intervalle ne mesure trop de largeur. En ce cas, il faut un groupe sur chaque zone, alors surtout que l'objectif n'est point fortifié.

Quelle doit être l'étendue d'une région fortifiée?

Il faut qu'une telle région soit de dimensions assez grandes pour que l'occupant s'y trouve à l'abri d'un blocus, mais pas assez considérables pour que l'envahisseur puisse l'y attaquer en dehors du rayon d'action des forteresses composantes du groupe. Pour un quadrilatère, par exemple, on satisfait très bien à ces conditions en donnant à chacun des côtés une longueur de 25 à 30 kilomètres.

Combien chaque groupe doit-il comprendre de forteresses?

Le nombre de composantes d'une région varie nécessairement avec la nature du site. Le territoire considéré est-il coupé de deux fleuves à peu près parallèles — comme l'Adige et le Mincio — le groupe doit être formé de quatre points fortifiés organisés en doubles têtes-de-pont.

Au cas de deux cours d'eau qui confluent l'un à l'autre, on peut réduire le nombre des places à trois, mais à la condition d'occuper le confluent.

S'agit-il d'un pays que ne traverse aucune rivière, les places à construire seront au nombre de trois ou quatre, et elles occuperont des étoiles de routes ou de voies ferrées, des débouchés de vallées, etc.

Quand l'occupation des points indiqués conduit à l'organisation d'une région trop étendue, il est indispensable d'établir vers le centre de figure de cette région une forteresse centrale, de premier ordre d'importance. On lui donne le nom de *forteresse principale* par rapport aux autres places du groupe, lesquelles sont dites *places d'appui*.

Quel doit être en principe le mode d'organisation d'une région fortifiée ?

La forteresse principale devra toujours être assise en un point stratégique important. Ce sera, le plus souvent, une ville à cheval sur un grand cours d'eau, ou située soit en face d'une trouée ouverte dans une chaîne de montagnes, soit au point de convergence de plusieurs chemins traversant le massif, soit enfin au nœud de plusieurs routes et voies ferrées. Cette ville devra être organisée en camp retranché. On y établira des magasins, des ateliers de confection et de réparation, des fabriques de conserves alimentaires et de munitions, des dépôts d'armes et de matériel de guerre de toute espèce, etc.

Les *places d'appui* occuperont des sites de grande importance stratégique ou tactique, tels que points de passage de cours d'eau, débouchés de défilés à travers des montagnes, des marais ou des inondations.

Les forteresses de chaque groupe seront reliées entre elles par des communications faciles, protégées au besoin par des ouvrages de campagne et dérobées aux vues de l'ennemi par des couverts naturels ou des plantations.

Les régions fortifiées doivent être en mesure de résister à une attaque de vive force tentée en l'absence des armées auxquelles elles servent de pivots d'opérations. Il faut donc que chacune d'elles dispose, en tout temps, d'une *réserve mobile* organisée de façon à pouvoir se porter vivement au secours de la place ou des places menacées. Cette réserve qui, avec les garnisons des places, constituera la *garnison normale* de la région, ne sera composée que de troupes de l'armée territoriale, très capables de rendre de bons services dans ces conditions. La réserve mobile occupera la forteresse principale; son effectif ne saurait être inférieur à trois divisions.

La forteresse principale d'une région fortifiée doit renfermer les magasins et établissements nécessaires au service d'entretien de la garnison normale pendant six mois et à celui de l'armée de campagne pour trois ou quatre semaines.

Tels sont, succinctement résumés, les principes essentiels émis par le général Brialmont.

IX

APPLICATION DU SYSTÈME BRIALMONT A LA DÉFENSE DU TERRITOIRE FRANÇAIS

Plan d'études du général Brialmont. — Frontière du Nord ou de Belgique. — Quadrilatère du nord. — Frontière de l'Est ou d'Allemagne. — Région Toul. — Région Dijon. — Frontière du Sud-Est ou d'Italie. — Région Lyon. — Frontière du Sud ou d'Espagne. — Région Toulouse. — Frontières maritimes. — Région Le Mans. — Réduit de la défense du territoire national. — Région Paris. — Résumé. — Position Reims-Laon. — Places intérieures. — Système Orléans-Nevers-Autun.

En appliquant sa théorie des régions fortifiées à la défense du territoire français, le général Brialmont n'a pas, dit-il, entrepris un travail ayant pour but de critiquer les réseaux de places fortes actuellement existantes, « réseaux qui sont l'œuvre du temps et que les ingénieurs militaires ont successivement complétés ou modifiés en tenant compte des nécessités politiques et financières dont il n'est jamais permis de faire abstraction. » L'auteur ajoute que, en vue de pouvoir étudier plus librement et scientifiquement les besoins de notre pays, il en suppose le sol dépourvu de toute espèce d'ouvrages de fortification. Il admet, en outre, que notre budget de la guerre est de force à supporter les frais d'un nouveau système défensif à créer de toutes pièces. Il déclare, enfin, qu'il s'est attaché à réduire au strict minimum le chiffre des dépenses nécessaires, le nombre de points fortifiés et l'effectif des troupes chargées du soin de les défendre.

Le général Brialmont estime que l'invasion de la France *par le Nord* peut s'opérer suivant deux directions distinctes. « La première ligne d'opérations, dit-il, suit la vallée de la Meuse jusqu'à Namur, pénètre en France par l'*Entre-Sambre-et-Meuse* et se dirige sur Paris par la vallée de l'Oise. La seconde traverse la zone centrale de la Belgique (entre la Meuse et l'Escaut) pénètre en France par Valenciennes et se dirige vers Paris par Arras, Péronne ou La Fère. »

Pour mettre la France à l'abri du choc d'une armée d'invasion pratiquant l'une ou l'autre de ces deux lignes ou les deux à la fois, l'auteur propose l'établissement d'un quadrilatère ayant pour sommets VALENCIENNES, MAUBEUGE, LANDRECIES et CAMBRAI. Comportant de la sorte quatre doubles têtes-de-pont — deux sur l'Escaut et deux sur la Sambre, — la région considérée commanderait à grande distance les vallées de ces deux cours d'eau. On accroîtrait notablement la valeur défensive de ce *quadrilatère du Nord* en maîtrisant dans les règles le chemin de fer de Mons à Cambrai, c'est-à-dire en donnant au QUESNOY les proportions d'une grande place à forts détachés.

Le général admet, d'ailleurs, qu'une armée allemande occupant la Belgique pourrait bien aussi prendre un troisième chemin, c'est-à-dire se porter sur Paris par Tournai, Lille et Arras, mais que cette armée ne saurait se soustraire aux effets de l'action du quadrilatère, lequel se trouverait à une petite journée de marche sur le flanc des colonnes de l'envahisseur. A ces causes il n'est pas — suivant lui — nécessaire de faire de Lille une place d'arrêt, un pivot d'opérations défensives.

Complémentairement, l'auteur demande deux

forts d'arrêt, à établir : l'un, à Hirson; l'autre, au nord de Charleville, à l'effet d'intercepter deux voies ferrées nécessaires à l'ennemi pour communiquer avec ses dépôts et amener — avant la chute du Quadrilatère du Nord — son matériel de siège devant les places de Laon et de Reims dont il est tenu de s'assurer la possession, ainsi qu'on le verra ci-après.

~~~

Le général Brialmont estime que notre frontière de l'Est — ou d'Allemagne — est vulnérable en trois points correspondant à trois lignes d'opérations de l'envahisseur, lesquelles sont, dit-il : — *Metz-Paris* par Reims et Vouziers ; — *Strasbourg-Paris* par Toul et Neuchâteau ; — *Mulhouse-Paris* par Belfort et Langres.

Pour mettre la France à l'abri du danger dont la menacent les deux premières directions, l'auteur demande la création d'une région fortifiée dont la place principale serait TOUL et qui aurait pour places d'appui Bayon, Lunéville et Nancy. « Cette région, pense-t-il, barrerait la deuxième ligne d'invasion et permettrait d'attaquer en flanc les colonnes qui passeraient entre Toul et Verdun et entre Toul et Épinal.

« L'action de la RÉGION TOUL sur une armée pénétrant en France par la première ligne d'invasion (Thionville-Metz sur Reims) serait indirecte mais néanmoins efficace puisque Nancy est à deux marches et demie de Thionville et à une marche et demie seulement de Metz. Cette action serait renforcée, du reste, par la place de VERDUN jugée nécessaire : pour barrer le chemin de fer direct de Metz à Paris ; — pour assurer le débouché et la retraite d'une armée opérant sur la Meuse ; — pour appuyer les troupes chargées de défendre les *Côtes de Meuse ;* — pour couper de ses communications une armée allemande qui passerait le fleuve au nord, par Dun ou Stenay. »

Pour entraver la marche d'une armée d'invasion qui parviendrait à se glisser par le couloir d'entre

Vosges et Jura, le général Brialmont propose une vaste région fortifiée ayant pour place principale DIJON et pour places d'appui BESANÇON, GRAY et AUXONNE. Il serait, d'ailleurs, à son avis indispensable de fortifier LANGRES qui occupe le centre des plateaux séparant la Franche-Comté des bassins de la Seine et de la Meuse; dont le site est une étoile de plusieurs voies ferrées; qui commande quatre vallées et couvre le débouché dans le bassin de la Saône d'une armée opérant dans le bassin de la Seine.

De plus, afin d'interdire à l'ennemi l'exploitation des chemins de fer de Mulhouse à Besançon et de Mulhouse à Langres, le général demande la création d'un fort d'arrêt entre Belfort et la frontière, aux environs de DANJOUTIN. Pour empêcher l'envahisseur de se servir des voies ferrées qui de Bâle, Berne et Genève mènent à Besançon, Dijon et Lyon, il réclame de même des forts d'arrêt à MORVILLARS, MORTEAU, PONTARLIER, BELLEGARDE et CULOZ.

Analysant ensuite les propriétés défensives de notre frontière sud-est ou d'Italie, l'éminent ingénieur s'exprime en ces termes :

« La position centrale de défense contre une armée descendant des Alpes est LYON. On en fera la place à camp retranché d'une région qui aura pour places d'appui GIVORS, AUTHON et ANSE. Cette région, de vingt-cinq lieues de pourtour, servira également de pivot d'opérations contre une armée débouchant du Jura entre Bourg et Lons-le-Saulnier. »

L'auteur des « Régions fortifiées » admet d'autre part que, pour parer au danger d'une attaque venant de l'Italie, il importe avant tout d'occuper la vallée de l'Isère et d'en fortifier les points de passage principaux, savoir ALBERTVILLE, MONTMÉLIAN et GRENOBLE. Il faut aussi indispensablement être maître du cours de la Durance car, dit-il, « une armée venant de Turin pourrait pénétrer en France par la vallée de la Durance et déboucher dans celle du Rhône... En prévision de cette éventualité, il conviendra de fortifier BRIANÇON, qui est le plus important nœud de communications de la vallée et le *terminus* de la voie ferrée dont les embranchements aboutissent à la vallée du Rhône et à la côte. »

Le général Brialmont dit avec raison que la clé stratégique de notre frontière du Sud est TOULOUSE, sise à égale distance de PERPIGNAN et de BAYONNE, places commandant les deux seules routes praticables aux troupes qui ont à franchir les Pyrénées. « Il faudrait, en outre, observe judicieusement l'auteur, créer des obstructions dans les principaux cols, les faire défendre par des *postes d'arrêt* et construire quelques redoutes en fortification mixte pour servir de points d'appui aux *postes de soutien*. Ces derniers seraient établis sur la route qui longe les Pyrénées entre *Saint-Jean-Pied-de-Port* et *Saint-Paul* en passant par *Oberon, Argelès, Montrejeau, Saint-Giron* et *Tarascon*.

« Il ne sera pas nécessaire de faire de Toulouse le centre d'une région fortifiée. Il suffira que cette place ait les propriétés d'un pivot stratégique et les ressources d'un centre d'approvisionnements, car l'armée des Pyrénées n'y devra jamais faire un long séjour, l'intérêt de la défense générale exigeant que, en cas d'échec, elle se retire sur la Loire ou dans la vallée du Rhône. »

Le général ne traite pas la question de la défense de nos frontières maritimes, mais seulement celle du moyen à employer pour repousser l'attaque d'un adversaire qui y aurait réussi un débarquement.

Dans cet ordre d'idées, pense-t-il, contre une armée ayant débarqué entre La Rochelle et Cherbourg, la base d'opérations, le pivot de manœuvres serait LE MANS, nœud des principales routes et voies ferrées aboutissant à la mer. De là, l'armée de la défense pourrait se porter à la rencontre des colonnes ennemies, les attaquer de front et les prendre en flanc au cours de leur marche sur Paris, les déborder et les couper de la mer.

Il ne serait pas nécessaire, ajoute l'auteur, d'organiser un pivot semblable à l'effet de combattre les forces qui auraient opéré une descente sur quelque point choisi par elles entre Cherbourg et Dunkerque. PARIS tiendrait facilement ce rôle, étant moins éloigné des points de débarquement possibles que ne l'est Le Mans du littoral compris entre Cherbourg et La Rochelle.

Le réduit indiqué de la défense du territoire national est Paris, « *aussi nécessaire*, disait Vauban, *à l'existence de la France que le cœur l'est à l'existence de l'homme.* » Place principale de région fortifiée, PARIS aurait pour places d'appui : MELUN et MANTES, têtes-de-pont doubles sur la Seine ; — MEAUX, tête-de-pont double sur la Marne ; — CREIL, tête-de-pont double sur l'Oise. Distantes respectivement du centre de Paris de 36, 38, 36 et 38 kilomètres, ces places seraient les sommets d'un polygone dont le périmètre ne mesurerait pas moins de 216 kilomètres. Il suit de là que le blocus du réduit de la France deviendrait impossible et que le siège en comporterait d'insurmontables difficultés.

Les têtes de-pont de Melun, Meaux et Creil diviseraient la région Est de Paris en secteurs dessinant de grands rentrants d'où le défenseur pourrait déboucher en masse contre un ennemi divisé, pour l'attaquer en flanc et le prendre à revers. Étant donné un tel dispositif de points forts, c'est le défenseur — et non l'assaillant — qui jouirait de sa liberté de manœuvres et pourrait envelopper son adversaire.

En résumé le quadrilatère du nord, les trois régions fortifiées de l'Est (Toul, Dijon, Lyon), les têtes-de-pont de Verdun et d'Épinal, les places d'arrêt de la vallée de l'Isère (Montmélian et Grenoble), les places de Briançon, de Perpignan et de Bayonne, les pivots stratégiques de Toulouse et du Mans, quelques forts d'arrêt sur les frontières du Nord et de l'Est, constitueraient ensemble, et y compris le vaste réduit de Paris, un réseau défensif de grande valeur. Toutefois cette organisation devrait être complétée, au moment du besoin, par des ouvrages de campagne destinés à barrer les principaux passages des Côtes de Meuse, de l'Argonne, des Faucilles, du Jura, des Alpes et des Pyrénées.

Telles sont, en ce qui concerne la France, les conclusions de l'auteur des « Régions fortifiées ».

Le général trouve lui-même un côté faible au dispositif dont il préconise l'adoption. Ce défaut provient, à son sens, du fait du grand intervalle qui sépare le quadrilatère du nord de la région fortifiée du nord-est (Toul). En effet, déclare-t-il, une armée allemande, ayant traversé les Ardennes et franchi la Meuse entre Mézières et Stenay pour se diriger sur Reims, ne serait pas suffisament maintenue en respect par les régions du Nord et du Nord-Est situées : l'une, à trois ; l'autre, à plus de cinq journées de marche du chemin de fer pratiqué par les envahisseurs. Il convient donc d'organiser sur cette ligne d'invasion une seconde ligne de défense appuyée des places de REIMS et de LAON.

Reims commande toutes les communications passant par la trouée de la Chiers ; elle intercepte les voies les plus favorables à la marche d'une armée qui, de Metz, se porterait sur Paris.

Étoile non moins remarquable de routes et de chemins de fer, Laon exerce une action indiscutable sur la zone de territoire comprise entre l'Aisne et la frontière belge.

Distantes d'une journée de marche l'une de l'autre et de quatre étapes de Paris, ces deux places sont les composantes indiquées d'un système fait pour interdire à l'ennemi le passage de l'Aisne à Soissons.

Les places fortes doivent-elles être toutes établies à la frontière ou vaut-il mieux les répartir sur la surface du pays à défendre?

Telle est la question que posait Clausewitz.

« Tout bien pesé, répondait-il, des *places intérieures* sont nécessaires. Dans les États qui ont beaucoup de forteresses, la majeure part de ces défenses est à la frontière. Soit. Mais il est très désavantageux de n'en avoir pas au cœur du pays. C'est là un *défaut très grave du système défensif de la France* (1). »

Partant de là, le général Brialmont expose qu'il conviendrait de créer, au sud de Paris, une ligne de défense destinée à servir de base d'opérations contre un ennemi occupant la Champagne ou la Bourgogne. Les armées françaises chargées du soin de défendre nos frontières du Nord et de l'Est pourraient, dit-il, « en cas d'échec, être coupées de
» Paris ou trouver un avantage à se retirer plutôt
» derrière les montagnes du Morvan et de la Côte
» d'Or, dans une position à peu près inexpugnable,
» où il leur serait facile de se réorganiser et de se
» compléter. »

Cette ligne de défenses intérieures à établir au sud de Paris, le général estime qu'elle doit s'organiser sur la Loire, munie de deux doubles têtes-de-pont : ORLÉANS et NEVERS.

(1) Traduction du colonel de Vatry. — Paris, Baudoin, 1886-89.

Assise au grand coude du fleuve, Orléans occupe une situation exceptionnellement propice à la concentration de nos ressources militaires, au cas possible d'une défaite de nos armées au Nord ou au Nord-Est.

Nevers n'est pas dotée d'une importance stratégique moins considérable ; et ce, à raison de sa situation au confluent de la Loire et de l'Allier, sur la route qui contourne le massif du Morvan et mène à la région fortifiée de Dijon.

Cette base ORLÉANS-NEVERS serait avantageusement complétée par AUTUN, le réduit du Morvan. La ligne intérieure ORLÉANS-NEVERS-AUTUN affecterait dès lors la forme dite en *équerre*, forme très favorable au succès des retours offensifs à tenter contre un envahisseur en veine de progrès. Cette ligne permettrait, en même temps, d'arrêter une armée italienne qui, ayant envahi le midi de la France, essayerait de combiner ses opérations avec celles de l'armée allemande.

Telles sont, rapidement analysées, les pages que l'éminent auteur des *Régions fortifiées* vient de consacrer à l'étude théorique des moyens de défense de notre pays.

X

PRINCIPES DE NOTRE NOUVELLE ORGANISATION DÉFENSIVE

Tracé des frontières de la France. — Nécessité d'une réorganisation défensive après la guerre de 1870-71. — Principes qui ont présidé à l'accomplissement de cette œuvre. — Groupes de places ou « régions fortifiées ». — Théâtres secondaires d'opérations. — Les explosifs. — Économie générale de nos nouveaux ouvrages. — Matériaux de construction. — Le béton. — Les coupoles métalliques. — Tour des frontières de la France. — Superbes Pyrénées.

Chacun sait que, à l'issue de la guerre de 1870-71, nous avons dû procéder d'urgence à des travaux de réorganisation défensive de nos frontières et que cette œuvre considérable s'est accomplie de 1873 à 1879, c'est-à-dire en moins de six années (1).

(1) Intervalle de temps très court eu égard à l'importance d'une entreprise d'aussi longue haleine. Cette rapidité d'exécu-

Le système des forteresses qui se sont créées ou améliorées au cours de cette période diffère-t-il de celui dont l'auteur des « Régions fortifiées » préconise aujourd'hui l'adoption ?

C'est ce qu'il est bon de savoir (1).

Disons d'abord de quels principes se sont inspirés les membres du Conseil de défense institué à l'effet d'arrêter les bases de la réorganisation dont il s'agit.

---

tion nous a préservés d'une attaque des Allemands, en 1875, époque à laquelle les nouveaux ouvrages étaient déjà fortement ébauchés.

Il n'est que juste de reconnaître ici les mérites de nos ingénieurs militaires dont le zèle ne s'est jamais démenti.

(1) A la fin de l'année 1886, nous avions dépensé : en constructions d'ouvrages, 569,865,000 fr.; en armements et approvisionnements, 1,089,130,000 fr. ensemble : 1,658,995,000 fr., soit plus d'un milliard et demi.

Il est bon, disons-nous, de savoir si nous en avons pour notre argent ; si ces dépenses ont permis d'atteindre le but visé, c'est-à-dire de doter nos frontières d'un peu de sécurité.

Du fait de la construction de toutes les voies ferrées qui sillonnent aujourd'hui le continent européen, la concentration des armées peut s'opérer avec une rapidité foudroyante, et l'on sait quel est l'effectif énorme de ces armées modernes. Le système du service universel obligatoire, admis actuellement par toutes les puissances, implique la mise en mouvement de masses numériquement comparables à celles du temps des irruptions barbares.

Une nation que des événements antérieurs ont réduite à l'obligation d'une stricte défensive est constamment exposée au danger de se laisser surprendre par des attaques soudaines. En pareil cas, les hordes ennemies sautent d'un bond sur son territoire, se jettent sur ses armées en voie de formation, et brisent ainsi toute résistance au début même des hostilités.

Le défenseur que menacent des surprises de ce genre doit, tout d'abord, s'attacher à arrêter l'ennemi à la frontière même, afin d'avoir le temps de se bien préparer à soutenir la lutte imminente. C'est sous la protection des positions fortifiées de cette frontière qu'auront à s'effectuer la mobilisation et la concentration, opérations essentielles qui ne doivent être ni troublées ni retardées du fait des pointes audacieuses de l'envahisseur.

Cela posé, considérant que la place forte isolée n'est plus aujourd'hui dotée d'aucune valeur stratégique, le Conseil de défense émit hautement l'avis que ce qu'il importe aujourd'hui d'établir, ce sont des *groupes de places* constituant autant de RÉGIONS FORTIFIÉES.

Tel est le premier des principes admis par le Conseil. C'est l'idée de Vauban si bien réalisée en sa fameuse *frontière de fer*. Cette idée, nos réorganisateurs l'ont reprise et exploitée, en tenant compte des modifications qui se sont imposées à la conduite de la guerre, du fait des merveilleux progrès de l'artillerie et de la création des réseaux de nos communications modernes.

C'est dans cet ordre d'idées que nos ingénieurs militaires ont méthodiquement disposé des groupes de forteresses en zone frontière, théâtre prévu des premières scènes du drame de l'invasion.

⁓⁓

Mais, sur ce premier terrain de lutte, une défaite est possible et, en prévision de l'éventualité d'un insuccès, la défense doit s'être ménagé les moyens d'entraver la poursuite de l'ennemi. La prudence veut que, en arrière de la zone frontière, cette défense ait organisé des lignes de sûreté sous l'abri desquelles ses armées battues puissent reprendre haleine et cohésion.

Donc, en deçà de la frontière, il importe d'organiser de vastes espaces fortifiés dans les règles, mais indépendamment de toute considération de manœuvres des défenseurs appelés à tenir la campagne. Solidement préparées, ces RÉGIONS seront appelées à être, tour à tour, vivifiées par la présence des armées ou abandonnées à leurs propres forces. Ainsi seront constitués des théâtres secondaires d'opérations sur lesquels la défense, pouvant se mouvoir avec indépendance et sécurité, demeurera maîtresse de la direction de ses mouvements.

Voilà le second principe admis.

∾

En résumé, couvrir la mobilisation, la concentration, les premières formations de combat des armées nationales; imposer, jusqu'à certain point, à l'invasion les routes que celle-ci devra pratiquer;

organiser, tant à la frontière qu'à l'intérieur du pays, de solides appuis qui, sans entraver la liberté des opérations, exaltent les propriétés stratégiques du territoire, tel est le but que se sont proposé les auteurs de notre réorganisation défensive.

On voit que, théoriquement, la base de cette réorganisation nécessaire ne diffère pas sensiblement de celle du système préconisé par l'éminent auteur des *Régions fortifiées*.

Observons ici que, en ce qui concerne l'économie de nos ouvrages, il s'est produit, depuis l'époque si récente encore de leur construction, une découverte qui en a nécessité le remaniement immédiat. Pour doter ces fortifications d'une force de résistance en harmonie avec la puissance des nouveaux explosifs, nos ingénieurs militaires n'ont pas manqué d'avoir recours à l'emploi des massifs de béton et des coupoles métalliques. D'où il suit que, aujourd'hui, nos nouvelles forteresses peuvent être dites à l'épreuve des effets du tir des projectiles creux à charge de matières brisantes.

———

Cela dit, faisons méthodiquement le tour des frontières de la France.

Ces frontières mesurent, comme on sait, huit cents lieues de développement total, dont moitié sont baignées par la mer. L'autre partie a pour tracé : au sud, la crête des Pyrénées ; au nord et à l'est, une ligne irrégulière déterminée par des traités internationaux. Cette ligne, qui court de Dunkerque à Nice, sépare notre pays de la Belgique et du Luxembourg, de l'Allemagne, de la Suisse et de l'Italie.

Nous omettrons sciemment, au cours de cette exploration, l'examen de notre frontière du sud. Nous sommes, en effet, en droit d'envisager avec confiance le maintien de nos bonnes relations avec l'Espagne. Et, d'ailleurs, les « superbes » Pyrénées qui nous séparent de la Péninsule sont munies de défenses naturelles d'une valeur remarquable et même, à certains égards, supérieure à celle de la barrière des Alpes.

Celles-ci comportent, en effet, quantité de pics et de mamelons dont les intervalles sont praticables : les uns, à des détachements; les autres, à des corps de troupe et même à de véritables armées. Les Pyrénées offrent, au contraire, à l'œil l'aspect d'un mur dentelé dont les dépressions sont presque partout inaccessibles et qui va s'infléchissant à l'est et à l'ouest. Ce mur, une armée ne saurait le franchir qu'à l'une ou l'autre de ses extrémités, à Bayonne ou à Perpignan. Or ces deux places sont parfaitement en état d'opposer une résistance efficace aux attaques qu'on pourrait tenter contre elles.

XI

FRONTIÈRE BELGE

Limites de notre frontière du Nord. — Section maritime. — Groupe *Dunkerque-Bergues Gravelines*. — Saillant de la frontière. — *Lille*. — Région d'Entre Escaut et Sambre. — Groupe *Maubeuge-Le-Quesnoy*. — *Valenciennes*. — Fort d'arrêt d'*Hirson*. — *Rocroy*. — La trouée de Chimay. — Groupe *Laon-La Fère*.

Notre frontière du nord, qui court de Dunkerque à Mézières, se partage naturellement en trois sections dont la première touche : d'une part, à la mer du Nord; de l'autre, aux rives de l'Izer. La deuxième s'étend de l'Izer à l'Escaut. La troisième, comprise entre l'Escaut et la Meuse, encadre les chevets adossés de la Sambre et de l'Oise.

Dans la région ainsi définie le Conseil de défense

admit, en 1876, la convenance d'établir sur le littoral une première région fortifiée composée des places de Dunkerque, Bergues et Gravelines ; — de renforcer l'importante place de Lille, qui occupe un saillant de la frontière ; — d'accroitre également l'importance des fortifications de Maubeuge, appelée à former avec Le Quesnoy et Valenciennes un système défensif assez solide pour commander toutes les voies qui, traversant la Belgique, mettent l'Allemagne et la France en communication.

La création du fort d'arrêt d'Hirson se trouvait également indiquée. Cette position commande, en effet, les routes et voies ferrées qui de Namur, Charleroy, Mariembourg et Chimay, conduisent à Laon et à La Fère. Conjuguée avec Rocroy, la position d'Hirson est, d'ailleurs, de nature à bien appuyer des opérations de parti sans répandus dans les régions boisées du plateau de la Thiérache, entre la Sambre, l'Oise et la forêt des Ardennes.

Mais, si bien organisé qu'il soit, le fort d'Hirson ne saurait barrer la route à de fortes colonnes de troupes et, en conséquence, le Conseil de défense dut conclure à la nécessité de créer, en deçà de la trouée de Chimay, une région fortifiée solide. Cette région a pour front le système des places de La Fère et de Laon, reliées entre elles par la forêt de Saint-Gobain ; en arrière, elle a pour appui la place de Soissons.

Telles sont, succinctement décrites, les défenses de notre frontière du Nord (1).

(1) Nos places de Landrecies et de Cambrai n'ayant pas été déclassées, on voit que les défenses de cette frontière comprennent le *Quadrilatère du Nord* du général Brialmont.

XII

CONFINS D'ALLEMAGNE

Funestes conséquences de la perte que nous avons faite de l'Alsace et de la Lorraine. — Système de fermeture de la brèche ouverte sur notre flanc. — Les *Côtes de Meuse* et la *trouée de Vigneulles*. — Rideau défensif tendu de Verdun à Toul. — Réorganisation de ces deux places. — Le contre-fort de Servance. — Les Faucilles. — Rideau défensif tendu d'Épinal à Belfort. — Tête-de-pont d'Épinal. — Extension des défenses de Belfort.

Sur notre frontière de l'Est — ou d'Allemagne — la perte de l'Alsace et de la Lorraine avait eu pour effet de nous ôter toutes nos défenses naturelles ou artificielles. L'événement nous avait privés de nos limites du Rhin et des Vosges, ainsi que des places fortes qui commandaient, de ce côté, les principales voies d'invasion. Une brèche de 300 kilomètres, béante entre le Luxembourg et la Suisse, laissait désormais le champ libre à de nouvelles entreprises de nos adversaires.

Le Conseil de défense estima que le moyen le plus sûr de fermer cette brèche ouverte sur notre flanc était de constituer deux rideaux défensifs, plantés : l'un *de Verdun à Toul*, le long des Côtes de Meuse; l'autre, *d'Épinal à Belfort* — celui-ci descendant jusqu'au Doubs, au point où ce cours d'eau pénètre en France en circonscrivant au nord le massif du Jura.

La chaîne de collines qui court par la région moyenne de la Meuse est d'épaisseur variable, épaisseur mesurant 17 kilomètres à Verdun, se réduisant à 6 kilomètres à hauteur de Commercy et, de là, s'accroissant jusqu'à Toul. De ce modelé du terrain résulte un amincissement médian auquel on a donné le nom de *trouée de Vigneulles*.

Or — à l'exception des deux routes de Metz à Verdun par Étain et Mars-la-Tour et du chemin de fer de Metz à Paris par Verdun et Châlons — toutes les voies de communication qui relient la vallée de la Moselle à la Champagne convergent vers la trouée de Vigneulles, ou bien s'élèvent au-dessus de Verdun pour contourner le nord de la chaîne par Dun et Stenay. D'autre part, Toul est un point forcé des tracés de routes ou voies ferrées qui, venant de Metz, Château-Salins et Strasbourg, pénètrent en France par Nancy.

L'occupation de la partie des *Côtes de Meuse* qui court de Verdun à Toul, suivant un développement d'environ 140 kilomètres, implique cette conséquence que, dans l'intervalle de 200 kilomètres qui sépare le Luxembourg de la place d'Épinal, on n'a laissé dépourvus de défense que deux couloirs — chacun d'environ 30 kilomètres de largeur — allant : l'un, de Verdun à Montmédy et s'appuyant directement à l'Argonne; l'autre, de Toul à Épinal. Le Conseil de défense a pensé qu'une armée réunie sous la protection de cette région fortifiée — ou rideau défensif — serait en mesure de procéder dans des conditions avantageuses à des opérations de front contre l'envahisseur.

Telles sont les considérations qui ont conduit à l'organisation du système Verdun-Toul.

~~~

Considérée en l'état où elle était lors du siège qu'elle a subi en 1870, la place de Verdun ne répondait plus ni au rôle stratégique qu'elle est appelée à tenir, ni aux conditions de la poliorcétique moderne. Il était devenu indispensable de la doter d'ouvrages couronnant les hauteurs qui encaissent la vallée de la Meuse, au fond de laquelle elle est assise. En occupant sur les deux rives des positions dominantes, nous avons paré à tout danger de bombardement et maîtrisé les routes d'Étain et de Mars-la-Tour, ainsi que le chemin de fer de Metz à Châlons. Nous avons couvert nos communications en arrière, notre ligne de retraite vers l'intérieur de la France. L'extension donnée aux ouvrages de la rive gauche a, d'ailleurs, eu pour effet de mettre la place agrandie en relation avec le massif boisé de l'Argonne.

En 1870, les Prussiens n'ont pas été retenus moins de quarante-neuf jours devant la place de Toul dont les défenses leur rendaient impossible tout ravitaillement par la grande ligne Strasbourg-Paris. Le seul fait des longs efforts qu'ont dû fournir nos ennemis pour s'emparer de Toul suffit à démontrer l'importance stratégique de cette place —

importance décuplée depuis que, par suite de la perte de l'Alsace et de la Lorraine, elle est devenue forteresse de première ligne.

Sise sur la Moselle, Toul est dominée de très près par les berges des plateaux dans le massif desquels le fleuve s'est ouvert un passage à son débouché de la forêt de Haye (1).

Lors des premières études concernant notre réorganisation défensive, l'occupation de ces hauteurs se trouva tout naturellement indiquée. On étendit, du même coup, les défenses de la place de façon à les relier aux ouvrages intermédiaires des Côtes de Meuse. On prit, d'autre part, possession de la forêt de Haye qui, s'avançant en manière de promontoire vers la frontière, constitue une position offensive et défensive du plus haut intérêt.

Un moment, le conseil de défense avait songé à occuper les hauteurs qui se développent en hémicycle en avant de Nancy, hémicycle prenant appui à ses extrémités sur la Meurthe et sur la Moselle, en englobant le confluent de ces deux cours d'eau. Des considérations d'ordre supérieur — lisez le *veto* des Allemands — ont empêché de donner suite à ce projet. On s'est, en conséquence, borné à une occupation de Toul étendue jusqu'à la Meurthe, du fait de l'organisation des positions de Frouard et de

---

(1) C'est sur ces berges que les assiégeants de 1870 avaient construit leurs batteries de bombardement.

Saint-Vincent, lesquelles encadrent la forêt de Haye et commandent toutes les voies de communication qui convergent sur Nancy.

~~~

Du Ballon d'Alsace — un des points culminants des Vosges — se détachent nombre de contreforts. L'un de ces rameaux se dirige sur Belfort et, de là, pousse jusqu'au Jura. Un autre, dit contrefort de Servance, comprend le point de soudure des Vosges et des Faucilles.

Les Faucilles courent d'abord dans le Nord-Ouest jusqu'à hauteur d'Épinal. Là, affectées d'un brusque rebroussement, elles se dirigent vers le plateau de Langres, lequel va lui-même se souder aux massif de la Côte-d'Or et du Morvan.

En présence de la valeur des obstacles inhérents à la constitution de cette chaîne, le Conseil de défense estima qu'il convenait de doubler, moyennant la création d'un système d'ouvrages permanents, la force de résistance des principaux points de cette sorte de bouclier défensif, planté par la nature au cœur du territoire français.

De là l'organisation de la région fortifiée — ou rideau défensif — ÉPINAL-BELFORT, se reliant au sud, par le Doubs, aux défenses du Jura.

Sise au point de rebroussement de la direction générale des crêtes des Monts Faucilles; distante de quatorze lieues à peine du fort de Pont-Saint-Vincent élevé au saillant de la forêt de Haye ; nœud des voies ferrées des Vosges, ÉPINAL maîtrise toutes les communications pénétrantes venant de Lunéville.

Cette position, d'une importance irrécusable, a donc été dotée d'ouvrages qui en ont fait une sorte de tête-de-pont permettant à nos troupes de se porter en avant sur les deux rives de la Moselle et se reliant en arrière avec les forts d'arrêt qui maîtrisent les communications des vallées de la Moselle et de la Vologne avec la vallée de la Saône.

Au cours de la dernière guerre, BELFORT, réduite à une garnison de seize mille hommes, a su résister cent-trois jours aux efforts de toute une armée.

Cependant les défenses de la place, telles qu'elles étaient en 1871, ne répondaient plus aux nouvelles conditions de l'art des attaques et aux exigences de l'avenir. Besoin était de créer une grande forteresse destinée non seulement à fermer un passage ouvert à l'invasion, mais encore à appuyer les opérations d'un corps d'armée chargé du soin de la défense avancée de la Franche-Comté. Il fut, en conséquence, décidé que les ouvrages détachés de la place à réorganiser iraient s'appuyer, d'une part, au massif du Ballon d'Alsace et se relieraient au sud — par le Doubs — avec les défenses du Jura.

On verra plus loin la valeur exceptionnelle que la place de Belfort tire de sa liaison avec le système des forteresses de Langres, de Dijon et de Besançon.

XIII

FRONTIÈRE SUISSE

Appui que la place de Belfort prête à notre frontière. — Le massif du Jura. — Région *des vallées*. — Région *des plateaux*. — Le fort de Morteau. — Nouveaux ouvrages de Pontarlier. — Réorganisation de Besançon. — Importance de l'action de cette place.

L'extension donnée aux défenses de Belfort a pour effet de soustraire notre frontière du Jura au danger d'être tournée par le Nord. D'où il suit que cette frontière n'est plus désormais accessible que par le versant oriental du massif qui se développe dans le sud-ouest de Porentruy.

La partie française de ce massif comprend deux parties affectées — au point de vue défensif — de différences très notables, savoir : la *région des val-*

lées qui descendent au Rhône, et la *région des plateaux*.

Bordée, à partir de Culoz, par la chaîne ininterrompue des hauteurs du Colombier, du Grand-Credo, de la Dole, du Noir-Mont et du Risoux, la « région des vallées » n'est coupée que de quelques routes ouvertes dans des défilés profonds. Elle est difficilement accessible à l'ennemi, qui n'y saurait pratiquer autre chose que des communications isolées les unes des autres, et constituant un dédale facile à défendre. La protection de cette région peut être exclusivement confiée aux soins d'un corps de troupes actives dont l'avant-garde prendrait position sur la rive droite du Rhône, entre Culoz et Fort-l'Écluse, et s'établirait fortement à la tête de chacun des défilés praticables (1). Il est permis de penser que ces simples dispositions suffiraient à détourner l'invasion vers la région plus abordable qui court de Pontarlier à Porentruy.

Cette « région des plateaux » se partage naturellement en deux sections distinctes. La première est comprise entre les escarpements du Doubs et les gorges de la Loue et du Desoubre dont les monts Chaumont séparent les chevets. La seconde affecte la forme d'un quadrilatère limité : au sud, par le

---

(1) On a néanmoins renforcé par d'importants ouvrages les positions du *Molard-de-Culoz*, de l'éperon de *Châtillon-de-Michaille*, du défilé de *Nantua* et du col de *La Faucille*.

prolongement de la Loue; à l'est, par celui du Desoubre; au nord, par la chaîne du Lomont; à l'ouest enfin, par le cours inférieur du Doubs.

Pour mettre la première section à l'abri d'une insulte, le Conseil de défense a fait construire un fort à *Morteau* — point de soudure du réseau français avec le réseau suisse — et compléter les ouvrages de Pontarlier, de manière à leur faire commander l'étoile des communications qui, venant de Neufchâtel et d'Yverdun, pénètrent sur notre territoire.

Pour la seconde section, le Conseil l'a jugée suffisamment bien pourvue de défenses naturelles. Il s'est, en conséquence, borné à la doter d'un réduit solide. Nous entendons parler de BESANÇON.

Réorganisée dans les règles qui découlent des conditions modernes de la défense, cette grande place étend son action : à l'est, sur les plateaux du Jura; à l'ouest, jusqu'au cours de l'Oignon. De ce côté, elle couvre les débouchés d'une armée qui aurait à se jeter, par Vesoul, dans la vaste région fortifiée *Belfort-Épinal-Langres.*

XIV

CONFINS D'ITALIE

Routes et chemins de fer des Alpes. — Le Petit Saint-Bernard. — Le Mont-Cenis. — Le Mont-Genèvre. — Défenses des vallées de l'Isère, de l'Arc et de la Durance. — Réseau de communications transversales. — Réorganisation de la place de Grenoble. — L'Argentière. — Remaniement des ouvrages de Tournoux et de Saint-Vincent. — Nice et les Alpes-Maritimes. — La Corniche. — Ouvrages du contrefort de Lenza. — Occupation de la *Tête-de-Chien*. — Le col de Tende. — Occupation du Barbonnet. — Action de la place de Toulon. — Rôle et réorganisation du champ retranché de Lyon.

Le massif des Alpes qui séparent l'Italie de la France est traversé par huit grandes voies de communication, dont deux chemins de fer et six routes, savoir :

Le chemin de fer de Turin à Paris et celui de la Corniche ; — la route du Petit-Saint-Bernard passant par la vallée de l'Isère; — la route de Turin à Paris par le Mont-Cenis et la vallée de l'Arc jusqu'au confluent de l'Arc avec l'Isère; — la route de Turin à Grenoble par le col du Mont-Genèvre; — la route de Coni à la vallée du Rhône par le col de l'Argentière; — la route de Turin à Nice par le col de Tende; — enfin, la route de la Corniche mettant Gênes en communication avec Nice, Toulon et Marseille.

Notre Conseil de défense a commencé par pourvoir aux besoins de protection de la Tarentaise, de la Maurienne et de la vallée de la Durance. Il a créé un vaste système défensif dont toutes les parties ont été rendues solidaires du fait de l'établissement d'un réseau de communications stratégiques ouvertes transversalement aux vallées, depuis Seyssel jusqu'à Grenoble en passant par Albertville, Chamousset, Saint-Michel, le Galibier, le Lautaret et suivant le cours de la Romanche.

Assise au point de convergence de toutes les vallées qui, descendant des massifs de la Savoie et du Briançonnais, déversent leurs eaux dans l'Isère, GRENOBLE est le dépôt naturel, le réduit indiqué des forces appelées à résister aux invasions qui peuvent se prononcer par le Petit Saint-Bernard, le Mont-Cenis ou le Mont-Genèvre. Cette place peut, d'ailleurs, exercer une action de flanc des plus efficaces sur la marche d'un envahisseur qui, ayant franchi l'Argentière, se serait jeté dans la vallée de la Durance pour gagner de là le bassin du Rhône.

En conséquence, Grenoble a été réorganisée dans les règles; elle était, dès la fin de 1878, en état de résister aux efforts d'une attaque sérieuse.

Bien qu'une attaque des Italiens par le col de l'Argentière implique de grandes difficultés, le Conseil a pensé qu'il était urgent de barrer la vallée de l'Ubaye à son origine et au confluent de cette rivière avec la Durance, c'est-à-dire de réorganiser dans les règles TOURNOUX et SAINT-VINCENT. Les ouvrages de

Tournoux ont surtout été, sur les deux rives, l'objet d'un grand développement. Ils commandent parfaitement les débouchés des têtes de colonnes italiennes qui se hasarderaient à passer la frontière ; ils empêcheraient l'envahisseur de se porter directement — par le col de Vars — dans la vallée de la Durance, en contournant Briançon à la hauteur de Montdauphin.

~~~

Depuis l'annexion du comté de Nice, la région des Alpes-Maritimes n'a jamais cessé d'être, de la part de nos voisins, un objet de convoitises assez souvent mal dissimulées. C'est à raison de cette attitude de revendication jalouse que fut décidée l'organisation défensive de cette partie de nos frontières, bien qu'une invasion par le col de Tende et la Corniche paraisse affectée d'un caractère particulièrement excentrique et soit, par conséquent, peu probable. Quoi qu'il en soit, il est certain que Nice serait l'objectif des armées italiennes qui tenteraient de pénétrer chez nous par les Alpes-Maritimes. Outre les voies ci-dessus mentionnées de Turin à Nice par Coni et de Gênes à Nice le long du littoral, les envahisseurs pourraient suivre plusieurs chemins muletiers qui, partant de la vallée de la Stura, mènent par des cols secondaires dans les vallées de la Tinée et de la Vesubie et, de là, dans celle du Var. Bien qu'ils ne semblent pouvoir servir qu'à une diversion de partisans ou de troupes légères, ces divers sentiers devaient néanmoins être pris en considération sérieuse dans une région où la frontière, malheureusement tracée à flanc de coteau sur le versant français, laisse l'Italie en possession de tous les points de franchissement des Alpes.

La route de la Corniche serait impraticable aux troupes italiennes si nous étions maîtres de la mer; mais, pour parer à toute éventualité d'attaque, le Conseil a fait barrer cette voie en élevant de solides ouvrages en avant de Nice, en tête du contrefort de LENZA qui se détache, à la Turbie, de la chaine de hauteurs séparant le bassin du Paillon de celui de la Revera. Ces défenses ont été complétées du fait de l'occupation — au-dessus de la Turbie — de la TÊTE-DE-CHIEN, position-vigie commandant merveilleusement toutes les communications pénétrantes.

Tracée par un pays âpre et sauvage, la route de Turin à Nice est presque impraticable à des corps de troupes qui y seraient, à tout instant, facilement arrêtés et même pourraient y voir leur sûreté compromise. Toutefois, il importait de ne point permettre à des colonnes d'invasion de s'établir à Sospel, d'où elles eussent pu — par Castillon et Menton — donner la main à des forces s'avançant par la Corniche. Une fois maîtres de Sospel, les détachements italiens eussent, d'ailleurs, pu aller occuper le plateau de l'Authion, position excellente dont l'action peut s'exercer : au nord, sur les bassins de la Vésubie et de la Tinée ; au sud, sur ceux du Paillon et de la Revera.

Ces considérations ont impliqué pour nous l'obligation d'occuper la hauteur du Barbonnet — qui maîtrise toutes les communications aboutissant à Sospel — et celle de l'Autmion, qui peut être dite clé de la défense du comté de Nice.

⁂

Il n'est pas admissible que, après avoir passé les Alpes-Maritimes, une armée italienne s'engage dans les montagnes du Var et les Basses-Alpes en laissant Toulon sur son flanc gauche. Ce faisant, elle s'exposerait à voir sa ligne de retraite coupée ou, tout au moins, l'arrivée de ses approvisionnements interrompue dans une région dépourvue de communications et de ressources. L'envahisseur devra donc tenter de s'ouvrir un passage dans la direction de Toulon, lieu géométrique de toutes les grandes voies pénétrantes.

A sa valeur incontestée de forteresse maritime, de grande place de dépôt et de ravitaillement TOULON joint, en ce qui concerne la défense du comté de Nice, les propriétés d'une position stratégique de premier ordre. Il était, en conséquence, urgent de la réorganiser dans les meilleures conditions possibles. On a couronné d'ouvrages permanents l'amphithéâtre des hauteurs qui environnent la ville; ouvert des routes donnant accès à tous les points culminants dont l'occupation s'imposerait à la défense en cas d'invasion; construit, enfin, nombre de batteries de côtes affectées à la protection des abords de la Grande et de la Petite Rade.

~~~~

Assise au confluent de deux grands cours d'eau navigables, nœud de huit routes nationales, étoile de onze lignes de chemins de fer — qui la mettent en rapport avec toutes les régions de France, ainsi qu'avec les réseaux de toute l'Europe par l'Italie, la Suisse et l'Allemagne — LYON serait, en cas de guerre, le lieu de concentration indiqué de toutes les forces disponibles du Midi. La mission de ces forces serait d'opposer une vigoureuse résistance à toute attaque venant directement des Alpes, et de prendre en flanc la ligne d'opérations d'un envahisseur qui aurait pénétré chez nous par la frontière de l'Est ou celle du Jura. Dans ces conditions, le Conseil a cru devoir créer à l'entour de Lyon un vaste système défensif, établi en conformité des exigences de l'art moderne de l'attaque et de la défense des places. Répartis sur trois secteurs — rive gauche du Rhône, entre Saône et Rhône, et rive droite de la Saône — les ouvrages ordonnés étaient parachevés dès la fin de l'année 1878.

XV

NOTRE SECONDE LIGNE DE DÉFENSE EN CAS D'INVASION

Théâtre probable des opérations principales d'une guerre d'invasion. — Opérations d'ordre secondaire. — Défenses intérieures. — Tracé de notre seconde ligne de résistance. — Position Laon-La Fère — Le Morvan et la Côte-d'Or. — Positions intermédiaires. — La Fère. — Laon. — La forêt de Saint-Gobain. — Reims. — Épernay. — Nogent-sur-Seine. — Langres. — Le massif du Morvan. — Dijon. — Résumé.

Il est vraisemblable que les opérations principales de l'envahisseur auraient pour théâtre la région qui s'étend entre la mer du Nord et le rideau de hauteurs qui se détache des Vosges au sud de la place d'Épinal, rideau comprenant les Faucilles, le plateau de Langres et la Côte-d'Or. Dans l'hypothèse où des revers éprouvés à la frontière même obligeraient nos forces à se replier sur Paris, il serait peu probable que l'invasion s'accentuât au nord du cours de l'Oise. Vraisemblablement l'envahisseur suivrait les routes qu'il a prises en 1814 et 1870. L'invasion se trouvant ainsi cantonnée, nos troupes battues seraient amenées à prendre position entre l'Oise et la Seine sur les plateaux de la Brie Champenoise, terrain particulièrement favorable à la reprise d'une lutte sérieuse.

C'est dans cet ordre d'idées que le Conseil de défense a été conduit à attribuer grande importance au groupe LAON-LA FÈRE; à donner certaine extension à l'action de la place de LANGRES; à créer la place de DIJON, clé de la position offensive de la Côte-d'Or et du Morvan ; à décider enfin que, entre les deux extrémités de la seconde ligne de défense (1), on occuperait diverses positions importantes telles que celles de REIMS, ÉPERNAY, NOGENT ET MONTEREAU.

(1) Les extrémités de cette seconde ligne sont : d'une part, le groupe Laon-La Fère ; de l'autre, le massif de la Côte-d'Or et du Morvan.

Une de nos armées nationales battant en retraite en deçà de Verdun ne pourrait vraisemblablement reprendre consistance qu'au-delà des plaines de Champagne, sur le massif de la Brie, massif affectant, en avant de Paris, la forme d'un écran sinueux se développant de Laon à Montereau. Le saillant de cet écran, dont la convexité regarde la frontière, est constitué par la forêt de Reims, comprise entre les vallées de l'Aisne et de la Marne. Au centre de la partie saillante se trouve la ville de Reims. Assise au pied d'un hémicycle de hauteurs; mise — par un réseau de grandes voies ferrées tracées circulairement à l'entour de Paris — en communication avec les vallées de la Seine, de la Marne, de l'Aisne, de l'Oise et de la Somme; à proximité de toutes les routes qui mènent à Paris, la position de REIMS se prêtait merveilleusement bien à l'organisation d'un grand centre défensif, de nature à assurer le reconfort d'une armée battue. Les travaux entrepris à cet effet, en 1875, étaient terminés dès la fin de l'année 1878.

Le Conseil avait pris la résolution d'étendre l'action de la place de Reims jusqu'à Épernay, point où pénètrent dans le massif de la Brie toutes les grandes communications venant de l'Alsace et de la Lorraine. Mais d'autres propositions se sont fait jour ; on a émis cette idée qu'il convenait de barrer le défilé de la Marne non à Épernay même, mais un peu en arrière, au pas de Haut-Villers.

Si, après un échec de nos armes sur la Moselle ou sur la Meuse, les nouvelles phases de la lutte prenaient pour théâtre le bassin de la Seine — ce qui ne manquerait point d'arriver au cas d'une invasion allemande grossie d'un contingent italien — la position de nos troupes serait assez critique si elles ne trouvaient pas, entre Langres et Paris, un point de résistance extrêmement solide. Le site de ce centre défensif est tout naturellement indiqué ; c'est celui de Nogent. Là pourrait facilement reprendre haleine et se réconforter une armée nationale ayant opéré sans succès dans le bassin de l'Aube ou celui de la Haute-Seine.

~~~~

Sise en avant de la dorsale qui rattache la chaîne des Faucilles aux massifs de la Côte-d'Or et du Morvan, la place de LANGRES occupe une position éminemment stratégique. Étoile de cinq voies ferrées, elle peut — suivant les circonstances — servir de pivot à une action de front à développer le long de la Meuse jusqu'à Neufchâteau ou à un mouvement de flanc à combiner avec Épinal. Nœud des bassins de la Seine, de la Marne, de la Meuse et de la Saône, cette position de Langres est on ne peut mieux disposée à l'effet d'appuyer les opérations offensives que nous pourrions avoir à dessiner soit dans le nord, pour couper à l'ennemi sa retraite, soit dans le sud, pour déjouer toute tentative de jonction des armées alliées. Enfin, en se combinant avec Dijon, Besançon et Auxonne, Langres forme, en arrière de la trouée de Belfort, un cirque de défenses, une vaste région fortifiée de nature à rendre toute agression par le Rhin fort dangereuse pour l'envahisseur.

Les défenses de Langres ont été étendues de telle façon qu'elles commandent toutes les communications circonvoisines, notamment les lignes *Belfort-Paris*, *Belfort-Dijon*, et toutes les voies se dirigeant sur Besançon, Épinal, Chaumont et Châtillon. Du haut de ce vaste plateau fortifié, un corps d'armée d'observation peut se jeter à l'improviste dans telle direction qui conviendra et y frapper des coups décisifs.

Au cas où la fortune aurait trahi nos armes, il pourrait se faire que le commandant de l'armée nationale placée en avant-garde à la frontière d'Allemagne crût devoir renoncer — au moins pour un moment — à la résistance de front que permet d'opposer l'occupation de la Falaise de Champagne. Il pourrait advenir que ce général d'armée fût conduit à préférer à la défense pied à pied une menace de flanc. En ce cas, nos troupes seraient en mesure d'opérer vers le plateau de Langres une retraite perpendiculaire à la ligne d'opérations de l'ennemi. Cette retraite pourrait s'étendre jusqu'au massif du Morvan qui, en relation directe et sûre avec le centre et le midi de la France, offre à qui veut l'occuper des ressources de toute sorte. L'armée qui s'y serait établie reprendrait facilement l'offensive, à la condition d'assurer ses communications avec le Midi en occupant la tête de tous les défilés donnant sur le versant de la vallée de la Saône.

Sise à portée de Langres et de Besançon, nœud des routes, chemins de fer et canaux reliant la Bourgogne à la Franche-Comté, DIJON était naturellement indiquée à titre de centre de la défense du Morvan. Le Conseil supérieur l'a, en conséquence, dotée de nombre d'ouvrages destinés à en exalter les éminentes propriétés stratégiques.

Dans l'hypothèse malheureusement admissible — ainsi qu'on le verra ci-après — d'une violation de la neutralité belge et d'une invasion allemande par la trouée de Chimay, le groupe *Laon-La Fère* devrait être considéré comme tenant le rôle d'une position de première ligne. Assis à l'une des extrémités de l'hémicycle des collines de la Brie, il peut d'ailleurs être dit le trait-d'union naturel reliant les défenses de l'Est à celles du Nord.

Étant donnée l'importance de la position, le Conseil a conçu l'idée d'en appuyer solidement les défenses à la FORÊT DE SAINT-GOBAIN qui unit les deux places.

Organisée en tête-de-pont, LA FÈRE accroit la valeur de l'obstacle opposé par le canal Crozat, ouvre un débouché vers le Nord et maintient sous ses feux directs l'importante gare de Tergnier.

Les défenses de LAON sont établies de manière à éclairer toute la plaine de Vervins, à maîtriser les principales voies de communication venant de la frontière, à étendre l'action du groupe jusqu'au confluent de la Vesle et de l'Aisne.

En résumé, La Fère, Laon, Reims, Nogent-sur-Seine, Langres et Dijon, tels sont les jalons de la seconde ligne de résistance organisée en deçà de nos frontières de Belgique et d'Allemagne. Partant de l'embouchure de la Somme, cette ligne remonte le cours de la rivière sous la protection des marais tourbeux qui en élargissent le lit. Suivant ensuite le canal Crozat, la forêt de Saint-Gobain et les coteaux de la Brie, le tracé va rejoindre la Seine d'où il s'élève jusqu'à la chaîne de hauteurs qui relie les Vosges à la Côte-d'Or, en séparant les eaux tributaires de nos bassins du Nord de celles qui vont tomber dans la Saône et le Rhône. Il englobe ensuite ces deux grands fossés ouverts en arrière du Jura et des Alpes et qu'appuyent, à titre de forteresses de seconde ligne, les places de BESANÇON, de GRENOBLE, de LYON et de TOULON.

XVI

LA RÉGION DE PARIS

Convenance de fortifier la capitale d'un pays. — Opinion de Napoléon. — Importance stratégique du site de Paris. — L'enceinte et les anciens forts détachés. — La loi de 1874. — Les nouveaux forts. — Camp retranché de l'Est. — Camp retranché du Nord. — Camp retranché du Sud.

En arrière et sous la protection des deux lignes de défense que nous venons d'analyser très succinctement, se trouve Paris, siège du gouvernement, vaste dépôt des richesses du pays, tête et cœur de la France.

Assise au centre d'une région où viennent concourir les vallées de la Seine, de la Marne et de l'Oise, étoile d'un nombre considérable de voies de communication, Paris est un point stratégique de premier ordre. Il était donc indispensable d'en réorganiser les défenses (1); de leur faire subir les modifications qui s'imposaient du fait des progrès de l'artillerie; d'en rendre l'investissement improbable; d'en faciliter les relations avec l'extérieur; de créer par delà l'enceinte de la place, et loin des agitations de la population civile, de vastes espaces propres au campement des troupes. Il fut, en conséquence, admis que le système défensif de Paris comprendrait — outre son enceinte de surveillance et les forts détachés construits en 1840 — une ligne d'occupation poussée jusqu'aux obstacles naturels de deuxième horizon.

De là trois camps retranchés distincts, organisés à l'Est, au Nord et au Sud de Paris.

(1) « Une grande capitale, a dit Napoléon, est la patrie de l'élite de la nation; c'est le centre de l'opinion, c'est le dépôt de tout. C'est la plus grande des inconséquences que de laisser un point aussi important sans défense immédiate. Comment, dira-t-on, vous prétendez fortifier des villes qui ont de 12 à 15,000 toises de pourtour? Il vous faudra de 90 à 100 fronts, de 50 à 60,000 hommes de garnison, de 800 à 1,000 pièces d'artillerie en batterie. Mais 60,000 hommes sont une armée; ne vaut-il pas mieux l'employer en ligne? Cette objection est faite contre les grandes places en général, mais elle est fausse en ce qu'elle confond un *soldat* avec un *homme*. Aux époques de malheurs et de calamités, les États peuvent manquer de soldats, mais ils ne manquent jamais d'hommes pour leur défense intérieure. Cinquante mille hommes défendront une capitale. Mais, en rase campagne, s'ils ne sont pas des soldats faits et commandés par des officiers expérimentés, ils seront mis en désordre par une charge de 3,000 hommes de cavalerie. »

Le *camp retranché* DE L'EST, région probable de l'arrivée des envahisseurs, déborde la forêt de Bondy, s'étend en avant sur le plateau de manière à commander les voies ferrées de Strasbourg et de Metz, et à barrer la vallée de la Marne. Il ouvre, en même temps, un débouché sur la rive gauche de ce cours d'eau.

Le *camp retranché* DU NORD est assis sur les collines qui se développent entre la plaine bordant la forêt de Bondy et le cours de l'Oise. Il forme vers cette rivière une avancée prenant — à revers et de flanc — tous les mouvements que l'ennemi pourrait faire, tous les travaux d'approche qu'il voudrait entreprendre dans cette région.

Englobant Versailles et le chemin de fer de Ceinture, le *camp retranché* DU SUD occupe le plateau qu'encadrent les vallées de la Bièvre et de Chevreuse. Il comporte, en avant des ouvrages dont il est muni, une vaste esplanade de cinq ou six kilomètres, absolument dépourvue de couverts et s'étendant : d'une part, jusqu'à la forêt de Saint-Germain ; d'autre part, vers la Seine jusqu'au chemin de fer d'Orléans. Les défenses de ce camp retranché ont été surtout conçues en vue de faciliter l'arrivée des secours.

On a complété l'organisation défensive de Paris en prenant pied sur les hauteurs du plateau de la Brie française.

XVII

NOS FRONTIÈRES MARITIMES

Forces navales de la Triple Alliance. — Moyens de défense d'un littoral. — Points d'attaque probables. — Réorganisation des défenses de nos ports militaires. — Cherbourg. — Brest. — Lorient. — Rochefort. — Toulon. — Ports de commerce. — Iles et plages de débarquement.

A ne parler ici que de grands cuirassés, l'Allemagne possède aujourd'hui quarante-et-un navires de 102,225 tonnes de *déplacement* total; l'Autriche, dix de 43,000 tonnes; l'Italie, dix-sept de 120,000. En tout 265,225 tonnes de *déplacement* (1).

(1) Le « déplacement » n'est autre chose que le poids *total* d'un navire, c'est-à-dire la somme des poids de la coque, de la cuirasse, de la machine, de l'armement et des approvisionnements. Le chiffre du déplacement peut — avec une approximation suffisante — être pris pour expression de la force du navire considéré.

Telles sont les forces navales de la Triple Alliance, forces auxquelles nous pouvons avoir à tenir tête. Or, pour doter de sécurité nos frontières maritimes, il faut, nous l'avons dit ailleurs (1), le concours de trois éléments : au large, une flotte de combat ; — sur le littoral, des forts et batteries de côtes, des garde-côtes et des torpilleurs mouillés dans les rades et ports ; — en troisième ligne, des corps de troupes concentrés en arrière des côtes et prêts à se porter rapidement sur les points menacés d'une attaque ou d'un débarquement.

Les points de notre littoral les plus exposés au danger sont nos ports militaires, ainsi que les embouchures de nos principaux fleuves.

Il a donc fallu procéder à la réorganisation des défenses de ces embouchures ou ports, afin de les mettre à l'abri des effets d'un bombardement ou d'une insulte de cuirassés.

(1) *Frontières de France.* — Paris, Librairie illustrée.

Nos ports militaires sont, comme on sait, ceux de Cherbourg, Brest, Lorient, Rochefort et Toulon.

La rade et le port de CHERBOURG sont couverts par une grande digue ou brise-lames dont le saillant est occupé par le *Fort Central*. Sur les musoirs, deux ouvrages désignés respectivement sous les noms de *Fort de l'Est* et *Fort de l'Ouest*.

La *passe de l'Ouest* est défendue par le fort de ce nom, le fort de la *Roche-Chavagnac*, le fort de *Querqueville* en terre ferme, et plusieurs batteries de côtes.

La *passe de l'Est* est commandée par le fort de même nom, le *Fort National* de l'île Pelée, le *Fort des Flamands* et aussi quelques batteries de côtes.

L'entrée du *Port militaire* est gardée par le susdit fort des Flamands, la redoute de *Tourlaville*, la batterie de *l'Onglet*, les forts du *Galet* et du *Homet*. Ces deux derniers ouvrages commandent spécialement l'accès des bassins.

Du côté terre, l'arsenal est muni d'une enceinte

renforcée d'une ceinture d'ouvrages détachés, couronnant les hauteurs qui dominent la ville.

Le port et l'arsenal de Brest occupent le fond d'une rade où peuvent mouiller des flottes considérables, rade précédée d'un goulet de huit kilomètres de longueur, où la marée produit des courants alternatifs, mesurant près de cinq nœuds de vitesse. Les défenses de cette magnifique position maritime consistent en un grand nombre de batteries construites à l'entrée et le long du goulet, ainsi qu'au pourtour de la rade.

Du côté terre, la place est enfermée sous une enceinte que couvrent en avant sept forts détachés — ceux de *Portzic, Montbaray, Keranroux, Questelleras*, de la *Penfeld*, de *Penar-Creach* et de *Guelmans*.

Les côtes adjacentes sont défendues par nombre de batteries de côtes.

La presqu'île de Quiberon, qui sépare la rade de Brest de la baie de Douarnenez, est fermée du côté terre par une ligne continue.

Assise rive droite du Scorff, en face du confluent de cette rivière avec le Blavet, LORIENT est protégée du côté terre par une enceinte bastionnée. La rade, qui mesure six kilomètres de longueur, se trouve coupée en deux par l'île Saint-Michel. Elle est défendue par quelques batteries et forts construits dans cette île, à la pointe de Port-Louis, dans la presqu'île de Gâvre, sur la côte ouest et dans l'île de Groix.

L'embouchure de la Charente est couverte par l'île d'Aix, en deçà de laquelle se développe la rade magnifique où Louis XIV décida jadis la création d'un port militaire. C'est à côté de cette position maritime que s'est bâtie la ville de ROCHEFORT.

Sentinelles avancées de l'embouchure de la Charente, les îles de Ré et d'Oléron sont défendues par quantité d'ouvrages. L'île d'Aix est elle-même hérissée de forts et batteries de côtes qui commandent bien l'entrée de la rade et croisent leurs feux avec ceux de l'île d'Oléron.

Du côté terre, une simple chemise à bastions et redans, enceinte très suffisante à raison des difficultés que la configuration des côtes opposerait à un débarquement tenté en dehors des plages que défendent les batteries de gros calibre.

~~~

La Triple Alliance ou, plus exactement, l'Italie ne saurait méditer de plus belle conquête que celle de TOULON — dont la perte ruinerait, à son profit, toute notre influence sur la Méditerranée.

La réorganisation des défenses de ce port militaire s'étant imposée à titre de nécessité de premier ordre d'importance, nous avons solidement occupé les crêtes du *Faron* qui commandent absolument et la ville et le port; puis les hauteurs de la *Colle-Noire* qui séparent la grande rade du golfe de Giens; enfin, le massif du *Coudon* sis à quatre kilomètres en avant du Faron.

Au sud, le fort de *Six-Fours* commande aujourd'hui parfaitement l'entrée de la presqu'île qui sépare la petite rade de la baie de Saint-Nazaire.

Une série de batteries de côtes, construites au pourtour de la presqu'île des *Sablettes*, protègent à bonne distance le sud de la dite presqu'île, ainsi que l'entrée de la grande rade, entre le cap Cépet et la pointe de Carqueyranne.

D'autres groupes de batteries, échelonnées sur la côte depuis cette pointe jusqu'à l'entrée de la petite rade, croisent leurs feux avec ceux des batteries intérieures de la pointe des Sablettes.

L'entrée de la petite rade est défendue par les feux croisés du *Fort Napoléon*, des batteries de l'*Aiguillette*, des *Saluts* et de *Lamalgue*.

Entre la pointe de Lamalgue et les abords de la presqu'île des Sablettes s'avance une digue de deux kilomètres de longueur. La passe assez étroite, ménagée entre l'extrémité de cette digue et les môles de la presqu'île, ne laisse à la navigation qu'un passage sinueux, facile à barrer par un chapelet de torpilles dormantes.

De Dunkerque à Bayonne, la plupart des ports de commerce sont défendus par des batteries de côtes qui en rendraient impossible le bombardement par des navires en bois, mais qui seraient bien impuissantes contre des cuirassés. Quelques-uns de ces ports sont entourés d'une enceinte du côté terre, comme *Dunkerque*, *Gravelines*, *Calais*, *Saint-Malo*, *La Rochelle*, *Bayonne*, ou d'ouvrages détachés comme *Le Havre*; mais toutes ces défenses ne sauraient les garantir du danger qui les menace. Heureusement, les embouchures des cours d'eau — tels que la Rance, la Seine, la Loire et la Gironde — peuvent être défendues avec quelque succès moyennant un emploi combiné de batteries et de torpilles.

Bordeaux est le plus sûr de tous nos ports de commerce ouverts sur l'Océan. Il est bien défendu par le fort de *Royan* et la batterie de *Suzac*, sur la rive droite de la Gironde, ainsi que par le fort du *Verdon*, sur la rive gauche.

En amont, la citadelle de *Blaye*, appuyée par les forts *Pati* et *Médoc*, forme un second échelon de la défense.

Sur la Méditerranée, les rades de *Port-Vendres*, *Cette*, *Antibes* et le port de *Nice*, sont défendus par des batteries ou des forts isolés. *Marseille*, en dépit de quelques batteries de côtes, ne saurait être considérée comme efficacement garantie des effets d'un bombardement. Pour assurer à nos bâtiments de commerce un refuge qu'ils ne sauraient trouver en remontant les bouches du Rhône — trop ensablées pour être navigables — on a songé à mettre en communication avec la mer *l'étang de Berre*, lequel mesure une profondeur d'eau suffisante. On ferait facilement de cet étang un magnifique port, aussi vaste que sûr.

Les îles que nous possédons aux abords de nos côtes, et qui pour la plupart offrent de bons mouillages à nos navires, sont en général défendues par des batteries ou des forts.

Quant aux plages de débarquement, autrefois commandées par de nombreuses batteries, on compte aujourd'hui y faire affluer, au moment du danger, des troupes mobiles d'un effectif imposant.

Les centres de concentration de ces forces seraient ceux-ci, savoir :

Saint-Omer, pour les côtes qui se développent de Dunkerque à l'embouchure de la Somme;

Rouen, de l'embouchure de la Somme à celle de la Seine;

Caen, de l'embouchure de la Seine à la baie du Mont Saint-Michel;

Rennes, de la baie du Mont Saint-Michel à la Loire;

Rochefort ou *La Rochelle*, de la Loire à la Gironde;

Enfin, *Bordeaux*, de la Gironde à la frontière espagnole.

Sur la Méditerranée, *Montpellier*, *Marseille* et *Toulon*.

XVIII

PHILOSOPHIE DE LA NEUTRALITÉ

Les neutres. — Définition de la neutralité. — La foi des traités consentis. — Les garanties diplomatiques. — Neutralité désarmée. — Neutralité armée. — Le droit de passage. — Le passage innocent. — Fin d'une longue plaisanterie.

Sur le pourtour des frontières de la France, trois petits États limitrophes sont bonnement dits « neutres ». Point n'est besoin d'ajouter que nous entendons parler de la Belgique, du Luxembourg (1) et

(1) Du jour où les événements que l'on sait l'ont détaché de l'ancienne Confédération germanique, le duché de Luxembourg a été déclaré *neutre*. Tel est, depuis 1867, l'état légal de son territoire. Mais, qu'on y prenne garde, ce pays qui nous touche doit, à la mort du roi Guillaume de Hollande, échoir en héritage à un prince allemand, le duc de Nassau.

de la Suisse. Il paraît que ces territoires sont destinés à faire office de « tampons », de « matelas » assez élastiques pour amortir les chocs qui peuvent se produire entre de grands États jaloux les uns des autres.

Tel est, dit-on, en général, l'objet de la « neutralité » (1).

Il est, observe-t-on gravement, un *droit des neutres* dont personne ne saurait méconnaître les principes. Le maintien des neutralités consenties est garanti par les Puissances que lient des traités formels. Il est exorbitant qu'un État dont l'indépendance a été stipulée par des contrats internationaux, soit obligé d'être toujours prêt à se défendre contre le premier belligérant venu qui, avec ou sans prétexte, aura trouvé bon d'envahir son territoire.

(1) De braves gens, animés d'un souffle généreux, exprimaient dernièrement un vœu des plus hardis : celui de la *neutralisation* de l'Alsace-Lorraine.

Ceux qui parlent ainsi ont la foi ; mais vivre ainsi sur la foi des traités, c'est faire de la politique sentimentale. Or il est une politique essentiellement *positive* qui ne se paye points de mots, dont aucune espèce de considérations morales ne sauraient entraver la marche intrépide et qui opère d'après ce principe que, lorsqu'une guerre éclate, les traités antérieurs deviennent instantanément caducs.

L'histoire est là pour l'attester, il ne se fait, hélas! de par le monde, autre chose qu'une politique de bêtes humaines. *La guerre abolit les traités*, voilà une vieille maxime qui, vraisemblablement, sera de tous les temps. L'art antique a donné pour attributs à Thémis une balance et un glaive, mais la balance s'affole à l'heure où la déesse de la Justice est obligée de prendre son épée à deux mains.

« Le bruit des armes, disait Marius, m'empêche d'entendre la voix des lois. » « Le temps de guerre, professait Jules César, n'est point celui du respect des lois. » Et Pompée s'écriait, en même temps : « Vous voulez que je songe à respecter les lois alors que j'ai les armes à la main! » Les avocats de Rome partagent, à cet égard, l'opinion des gens de guerre ; Cicéron n'a-t-il pas dit un jour : *Silent leges inter arma ?*

M. de Bismarck est de cet avis car il invoque à tout propos l'autorité de Vattel (1), et ce Vattel a dit

(1) Notamment en sa dépêche à M. Kern, en date du 17 janvier 1871.

expressément : « Un traité nuisible à l'État est nul et point du tout obligatoire. »

―――

Cependant, objectera-t-on, les neutralités ont été formellement garanties... Ah! oui, les garanties!... Parlons-en. Est-ce que la France, l'Angleterre, la Russie, l'Autriche et la Suède, cosignataires du traité de Londres (8 mars 1854) n'ont pas laissé, dix ans après, dépouiller le Danemarck du Sleswig-Holstein et aussi de ce duché de Lauenbourg que M. de Bismarck doit à la munificence de son maître? Est-ce que la France, l'Angleterre et l'Autriche, qui qui s'étaient — par traité du 15 avril 1856 — portées *garantes* de l'intégrité de l'Empire ottoman, est-ce que ces puissances ont protesté quand, à vingt ans de là, les Russes ont envahi la Roumanie?

En particulier, une garantie de neutralité n'est qu'une simple expression diplomatique. La situation d'état neutre n'est qu'une fiction si le maintien de cette situation ne repose sur d'autre base que celle de la foi des traités, de la probité européenne et de l'appui platonique des puissances contractantes.

～～～

Il est parfois question de neutralité *désarmée*. Qu'est-ce que cela peut vouloir dire?

On se rappelle la réponse que fit le général Bonaparte à l'ambassadeur de Venise venu pour se plaindre à lui d'une violation du territoire de la république : « Eh quoi! vous voulez être neutres et vous ne savez pas vous défendre! »

« La neutralité *désarmée*, disait plus tard le duc de Wellington, ne fut et ne sera jamais une garantie efficace. »

Cela est parfaitement exact. Une telle neutralité n'a point de signification ; elle est de nulle valeur. Pour signifier et valoir quelque chose, une neutralité doit être *armée*, assez bien armée pour inspirer et au besoin, imposer le respect. Un État qui se dit *neutre* doit bien se garder de se nourrir d'illusions funestes. Il est tenu de ne compter que sur lui-même. S'il ne veut pas se livrer à la merci des événements, son premier soin doit être de se donner une bonne organisation militaire et d'en maintenir le fonctionnement correct.

_____

Une grosse question s'est de tout temps agitée, qui n'a jamais été franchement résolue, celle du droit de passage des belligérants à travers le territoire d'un État neutre. Ce droit, les Hébreux l'invoquaient à l'occasion, ainsi qu'il appert de ce texte :

« Ils (les Hébreux) envoyèrent à Séhon, roi d'Hésébon, des ambassadeurs qui lui dirent : *Nous passerons par votre terre, mais nous ne prendrons aucun détour suspect, ni à droite, ni à gauche ; nous marcherons dans le grand chemin. Vendez-nous nos aliments et jusqu'à l'eau que nous boirons. Nous ne vous demandons que le seul passage.* »

« Le grand chemin, dit Bossuet qui cite ces versets de la Bible, le grand chemin est du droit des gens, pourvu qu'on n'entreprenne pas le passage par la force et qu'on le demande à condition équitable. Ainsi, on déclara *justement* la guerre à Séhon, dont

Dieu endurcit le cœur pour ensuite lui refuser tout pardon, et il fut mis sous le joug. »

Pauvre Séhon !

Voilà un souverain qui tient à garder une neutralité stricte !... On lui fait la guerre, on lui dit qu'il a le cœur dur et il est subjugué pour ses méfaits !...

Telle est la philosophie de la neutralité.

~~~

Comme l'Aigle de Meaux, rude docteur en droit des gens, Vattel professe à ce sujet des opinions violentes.

« Le droit de passage *innocent* est dû, dit-il, à toutes les nations avec lesquelles on vit en paix et ce devoir *s'étend aux troupes*, comme aux particuliers.

« Celui qui veut *passer dans un pays neutre avec des troupes* doit en demander la permission au Souverain. Une nation est libre de refuser l'entrée de son territoire à toute armée étrangère

« Un cas s'excepte de lui-même et sans difficulté, c'est celui d'une extrême nécessité.

« La nécessité urgente et absolue suspend tous les droits de propriété ; et, si le maître n'est pas dans la même nécessité que nous, il nous est permis de faire usage *malgré lui* de ce qui lui appartient. »

MALGRÉ LUI !... Cela veut dire que, s'il résiste, on le battra !...

Charmant métier que celui d'État neutre !

―――

« J'ai toujours observé, disait lord Palmerston, que, lorsqu'une guerre éclate et qu'une nation croit *utile* de faire traverser à son armée un territoire « neutre », elle ne songe guère à respecter la neutralité inscrite dans les traités. »

En d'autres termes, n'est-ce pas ?, une neutralité n'est faite que pour être violée....

Franchement, il serait temps d'enterrer une plaisanterie que son grand âge ne saurait rendre respectable.

XIX

LA BELGIQUE

Un champ de bataille traditionnel. — Les grands chemins d'invasion de la France. — Les Allemands en Belgique. — Les Belges pourront-ils défendre leur neutralité? — Le voudront-ils? — Affinité des races belge et germaine. — Préparatifs d'inféodation. — Tendances du gouvernement de S. M. le roi Léopold II. — Connivence avec l'Allemagne. — Traité *secret* dont l'Angleterre prétend savoir les clauses. — Le *seuil teuto-celtique*. — L'avenir de la Belgique.

Le territoire belge est, pour les puissances occidentales, un champ de bataille absolument classique. C'est le champ-clos où les armées européennes ont, de longue date, pris l'habitude de venir vider leurs différends. Lens, Senef, Steinkerke, Nerwinden, Malplaquet, Fleurus, Jemmapes, Waterloo et tant d'autres noms de lieux ne sont-ils point des noms de centres de population belge ?

—⁓—

Ce qu'il importe de considérer ici, c'est que ce territoire prédestiné est, pour ainsi dire, le lieu géométrique des routes d'invasion de la France. Le fait de sa violation ouvre effectivement à nos voisins de l'Est la vallée de Sambre-et-Meuse ; elle les porte à la vallée de l'Oise, soit à huit ou dix marches de la Seine !.. et le major Girard, de l'armée belge, reconnait lui-même que le viol est bien tentant. « Plus la France, dit-il, a intérêt à n'être » pas envahie par la Belgique, plus l'Allemagne a » intérêt à l'attaquer de ce côté. »

—⁓—

Les Allemands n'hésiteront certainement pas à prendre ces chemins si commodes car, en vertu de l'élégant principe cavalièrement émis par Vattel, qu' « un traité nuisible aux intérêts de l'État est nul et « point du tout obligatoire », ils diront tout simplement qu'ils peuvent réduire à zéro l'engagement qu'ils ont pris de respecter le sol de la Belgique (1); car, s'autorisant du texte biblique commenté par Bossuet et ci-dessus rapporté, ils affirmeront leur droit de demander passage au gouvernement belge et, au besoin, de l'exiger.

Il y a plus.

« La nécessité, professe le susdit Vattel, l'extrême nécessité peut autoriser un belligérant à *se saisir pour un temps d'une place neutre*, à y mettre garnison pour se couvrir contre l'ennemi ou pour le prévenir dans les desseins qu'il a sur cette même place, quand le maître n'est pas en état de la garder. »

D'où il suit que l'Allemagne peut tout simplement invoquer les dispositions de cet étonnant droit des gens pour s'établir tranquillement dans les forteresses belges de la Meuse.

Pour nous, la question est de savoir si la Belgique est *en état* de défendre sa neutralité, nous voulons dire son indépendance.

---

(1) « Expression d'un intérêt allemand dit le major Girard, la neutralité belge pliera devant un intérêt allemand supérieur. »

Or, étant données ses lois de recrutement actuellement en vigueur, l'effectif de son armée ne saurait dépasser une centaine de mile hommes. Ce chiffre, absolument insuffisant, aurait besoin d'être au moins triplé et, pour atteindre ce résultat, le législateur devrait faire avaler au pays, qui ne s'en soucie guère, la pilule du service universel obligatoire. « Il faut que tout Belge soit soldat, demande nettement le major Girard. Quand la Belgique aura trois cent mille soldats.... », elle pourra, pense-t-il, « faire la guerre avec honneur ».

C'est dire que, actuellement, elle ne saurait la faire.

Faute de mieux, et en attendant la promulgation d'une loi de recrutement rationnelle, la Belgique s'est préoccupée du soin « d'échapper à la guerre », et elle s'est flattée d'y parvenir moyennant la construction des fortifications de la Meuse. Le remède ou plutôt le palliatif sera-t-il efficace ? C'est encore le major Girard qui va répondre : « Nous construi-
» sons, dit-il, Namur et Liège, pour empêcher les
» Allemands et les Français de passer par la Bel-
» gique. Nous ignorons donc que des remparts ne
» se défendent pas tout seuls !... » Cette exclamation critique nous semble assez fondée. Comment, en effet, avec cent mille hommes, garder les places de la Meuse et le camp retranché d'Anvers et disposer, en outre, d'une armée de campagne ?

Autre question :

Cette neutralité dont on fait tant de bruit, la Belgique *voudra-t-elle* la défendre ?

Quelques gens ont observé qu'entre les Belges et les Allemands il y a d'incontestables affinités de race (1). Quoiqu'il en soit, il est certain que la Belgique se laisse, tout doucement et sans crier, inféoder à l'Empire germanique; que les Allemands la serrent et la pénètrent; qu'ils l'attaquent de toutes parts et l'envahissent de toute façon : chemins de fer poussés vers la frontière, menées de police pratiquées à l'intérieur du royaume, intelligences secrètes dissimulées sous un voile d'offres désintéressées, etc., etc.

Les Belges laissent faire !...

Cédant à la pression de la force, à la fascination du succès, ils se laissent prendre, enlacer, subjuguer!!... « L'érection des forteresses de Namur et » de Liège, dit le major Girard, l'étranger l'attribue » à des motifs secrets ». Secrets! non certes, le monde sait aujourd'hui que ces fortifications *prétendues neutres* se construisent contre la France;

---

(1) Chacun sait que les Nerviens des Commentaires de César étaient établis entre la Sambre et l'Escaut (Hainaut français et belge, provinces du Brabant méridional, d'Anvers et partie de la Flandre orientale). Or ces Nerviens, ancêtres des Belges d'aujourd'hui, se vantaient d'être de sang germain : « ...Nervii circa affectationem germanicæ originis ultro ambitiosi sunt tanquam, per hanc gloriam sanguinis, à similitudine Gallorum separentur. » (Tacite, *Germania*, XXVIII).

que toutes ces voûtes en béton, que ces coupoles métalliques ne servent qu'à induire en erreur le public européen, à masquer une connivence avec l'Allemagne, à dissimuler élégamment les ressorts d'une prochaine action commune.

Ne sait-on pas aussi que le roi des Belges est hanté par le souvenir désagréable de certaines négociations qui s'ouvrirent jadis entre les cabinets de Berlin et de Paris (1); que Sa Majesté est allemande de cœur; qu'elle s'est liée à l'empereur d'Allemagne par un traité secret?

Le fait est hautement nié par la plupart des hommes politiques belges, notamment par le ministre des Affaires étrangères (2), mais les affirma-

---

(1) La question était celle d'une annexion de la Belgique à la France. M. de Bismarck l'avait offerte à Napoléon III, et notre pauvre bon souverain avait pris la plaisanterie au sérieux. Aujourd'hui, le roi Léopold II croit que c'est arrivé.

(2) « Le gouvernement belge, a dit le prince de Chimay, le gouvernement connaît les devoirs que lui impose la neutralité

tions ou dénégations d'un ministre n'ont jamais rien prouvé et ne prouveront jamais rien dans aucun Parlement du monde.

Ce qu'on ne saurait nier, par exemple, c'est que l'empereur Guillaume II a offert le portefeuille des Affaires étrangères de l'empire au comte Alvensleben, ministre plénipotentiaire d'Allemagne à Bruxelles. Le comte a décliné l'offre, mais il est permis de voir dans le fait de ce choix une intention de récompense de quelque grand service rendu. Ce service éminent ne serait autre chose que la bonne conduite des négociations qui ont tout récemment abouti à la signature du traité auquel nous faisons allusion.

~~~~~

Les Anglais — qui ont l'œil à tout et dont l'intérêt est de surveiller de près la Belgique — les

qui lui est garantie, et il les respecte jusqu'au scrupule. Dire qu'il aurait violé ces devoirs par des traités, qu'il aurait pris des engagements avec ses voisins, c'est inventer une fable ridicule. »

Anglais prétendent avoir connaissance des clauses de ce fameux pacte secret. Il ne s'agit pas d'un traité d'alliance, oh ! Dieu, non, pas d'alliance !... le gouvernement belge a bien raison de s'en défendre. Seulement, en cas de guerre, le roi Léopold II se laisserait prendre par l'empereur Guillaume II la clé des défenses de la Meuse. Les Allemands occuperaient le royaume sans que les Belges tirassent un coup de fusil. Nos bons voisins du Nord demeureraient l'arme au pied, tandis que les voisins de l'Est manœuvreraient à leur aise. Il n'est donc pas question d'une alliance, oh ! non... mais seulement d'une location du territoire national. Et le prix de location de ce champ de manœuvres est-il élevé ? Mon Dieu, non. L'Allemagne ne s'est engagée qu'à protéger la Belgique contre toute attaque de la part de la France, car il est bien entendu que, animé de sentiments essentiellement pacifiques, le gouvernement impérial ne fait rien qui ne tende au maintien de la paix. Seulement, en cas de guerre, d'une guerre par nous déchaînée, et dont les conséquences ne sauraient se faire attendre, la Belgique aurait part à nos dépouilles. Elle mordrait sur notre territoire jusqu'au *seuil teuto-celtique*.

Tel est le nom que le major Girard donne à une ligne fatale et sacro-sainte qui, menée à travers la France, de Boulogne aux Ballons d'Alsace, indiquerait, à son sens, la limite méridionale des territoires jadis occupés par les races germaines préhistoriques. « C'est, dit-il, un peu en avant de ce seuil que César rencontra les premières populations germaniques ; ne pouvant les soumettre, il les extermina. Aussi loin que l'extermination s'étendit, le pays fut latinisé. La limite actuelle des langues indique celle des régions où l'extermination s'arrêta. »

Là-dessus, l'auteur observe que César a étendu ses conquêtes jusqu'au Rhin ; que cette limite du Rhin a été gardée, quatre siècles durant, par l'empire ; que, ultérieurement, la France — représentant la race latine — n'a jamais cessé de tendre vers le Rhin allemand ; enfin, que, du fait de cette tendance vers le grand fleuve, elle a fini par acquérir, au nord-est de la ligne *Boulogne-Belfort*, une bande de terrain de « quelques lieues de largeur. » (*sic.*)

Or la race germaine prétend recouvrer sa limite primitive, celle du fameux « seuil teuto-celtique ». Lors du partage à intervenir à la suite d'une guerre heureuse, l'Allemagne donnerait à la Belgique tout ou partie de nos départements du Nord, du Pas-de-Calais, de la Somme, de l'Aisne, de la Marne, de la Meuse et de Meurthe-et-Moselle.

Ce bénéfice une fois conféré, l'heureuse Belgique serait sans façon invitée à troquer sa neutralité contre l'honneur d'être admise à faire partie intégrante de l'Empire.

Il faut que la vertu trouve sa récompense.

XX

LA SUISSE

Considérations ethnographiques. — Site et conditions oro-hydrographiques de la Suisse. — Importance du pays au point de vue de la conduite des opérations stratégiques. — Les Suisses entendent défendre leur neutralité. — Refonte de leurs institutions militaires. — Loi du 13 novembre 1874. — Effectif de l'armée fédérale. — Routes d'invasion des forces de la Triple Alliance. — Invasion *pacifique* de l'Allemagne.

Ici, nous sommes en présence d'un peuple de sang gaulois *Gallica gens*, dit Tacite. Ici, nous avons pour voisin un peuple brave et fier, à bon droit, de sa vieille gloire militaire. On sait quel est son patriotisme. Nous, Français, nous n'oublions pas que, lors de nos derniers malheurs, la Suisse a généreusement offert asile aux pauvres survivants de notre armée de l'Est.

~~~

La Suisse occupe, au centre de l'Europe, une situation extrêmement remarquable. On a, bien des fois, observé que cette région se trouve à égale distance de l'embouchure du Tage et des bouches du Danube; qu'elle n'est pas éloignée de la pointe septentrionale du Jutland plus que de l'extrémité sud de la péninsule italique; ni plus de l'Angleterre que de la Grèce. On a, de plus, remarqué qu'un gigantesque jalon — le Saint-Gothard — est un point de la droite qui joint Gibraltar aux Dardanelles.

On sait que la plupart des cours d'eau du continent européen descendent des massifs montagneux de la Suisse. Les sources du Rhône et celles du Rhin jaillissent du cœur des glaciers helvétiques; l'Inn, affluent du Danube, et le Tessin, affluent du Pô, n'ont point d'autre origine. Que, parti du rivage adriatique, un voyageur se plaise à remonter le vieil Éridan et prenne ensuite le val Levantine; que, venant des bords de la mer Noire, il suive la vallée du Danube, puis l'Engadine; qu'il s'avance de l'embouchure aux sources du Rhin; ou que, tournant le dos à la Méditerranée, il s'élève dans la vallée du Rhône, afin de gagner le Valais, il arrive en tout cas en Suisse, axe orographique de l'Europe.

Or les voies de communication ouvertes pour satisfaire au besoin de relations des peuples courent ordinairement le long des fleuves. Celle des nations qui possède une source fait aisément prévaloir son influence sur toute l'étendue de la vallée. Qui tient plusieurs *têtes des eaux* a, de ce fait, en main la clé des routes qui permettent de passer d'un bassin dans un autre. Ce peuple occupe une position maîtresse et l'importance de son territoire est, à tous points de vue, capitale.

Tel est le cas de la Suisse.

Ce pays ne mesure pas en superficie plus de la deux-centième partie du continent européen; son territoire n'occupe sur la carte qu'une place insignifiante et semble se réduire à un point, en regard d'un grand État tel que l'empire d'Allemagne; mais cette exiguïté n'empêche pas l'Helvétie d'avoir rang de puissance. Bien plus, le poids de cet État pèse gravement sur le sens des résolutions qu'ont à prendre les congrès internationaux. La voix des représentants de ce peuple est toujours écoutée, attendu qu'on le sait détenteur de la clé des grandes vallées et, par conséquent, maître des têtes de lignes d'opérations. Personne n'ignore que le massif des montagnes qu'il habite est le nœud vital de toutes les communications militaires; que la possession de sa plaine implique, au profit du premier occupant, une incontestable supériorité; enfin, que ce territoire — unique en son genre en Europe — est limitrophe de quatre grands États : l'Allemagne, l'Autriche, l'Italie et la France.

C'est au fait de cette situation exceptionnelle qu'est due la déclaration intervenue en 1815. Les grandes puissances jugèrent alors indispensable de constituer — sous la garantie (!) du droit public européen — la Suisse en État indépendant et *neutre*, dans toute la force du terme.

Cette neutralité est pour nous, Français, d'un prix inestimable. « Connaissez-vous, disait un jour M. Thiers, connaissez-vous l'importance de la frontière suisse? Savez-vous bien que, quand nous avons la guerre avec le continent, notre frontière qui commence à Nice et à Antibes, qui passe près de Grenoble, près de Genève, qui rejoint après Genève le Jura, en suit les crêtes jusqu'à Bâle, de Bâle suit le Rhin jusqu'à Mayence... savez-vous bien que notre frontière a une étendue de trois cents lieues? Quand nous sommes obligés de répartir nos forces sur cette ligne de trois cents lieues, nous sommes faibles partout. Si, au contraire, au milieu de cette ligne il y a une portion interceptée par une neutralité puissante — celle de la Suisse — nos forces cessent d'être disséminées et recouvrent toute leur puissance. »

Au moment où éclatait la guerre de 1870, la Suisse n'eut pas la naïveté d'accorder une confiance illimitée au texte des garanties stipulées en 1815. Loin de se dire exempt d'inquiétudes, son gouvernement se hâta de faire à nouveau consacrer le principe de la neutralité par deux traités spéciaux en date des 17 et 21 juillet 1870. Il dirigea, en même temps, trois divisions sur la frontière, avec ordre d'y occuper des positions voisines du théâtre des opérations probables. « Nous pouvons compter, « écrivait alors le général Dufour à Napoléon III, « nous comptons sur la résolution bien arrêtée dans « le cœur de chaque citoyen de défendre notre neu- « tralité et notre indépendance. » On voit que les Suisses entendaient s'opposer par les armes à toute violation de leur territoire. Il est permis d'induire de là qu'ils s'y opposeraient encore, et très énergiquement, en cas de besoin.

Toute la question est de savoir si leur résistance peut être efficace, et c'est ce qu'il convient d'examiner.

Nous nous plaisons d'abord à constater que, en fait d'organisation d'armée, la matière première est excellente. Le peuple suisse est essentiellement militaire. *Gens armis virisque clara*, répète à tout propos Tacite. Les Romains surent de bonne heure à quoi s'en tenir à cet égard ; la défaite de Cassius leur avait appris, dès l'an 107 avant notre ère, quelle était la valeur des *Tigurini*, habitants des cantons de Vaud, de Fribourg et de partie du canton de Berne. Ultérieurement, les rois de France furent également à même d'apprécier les mérites du soldat suisse. Louis XI avait été profondément impressionné du fait de la solidité des montagnards qu'il avait battus à Saint-Jacques, alors qu'il n'était encore que dauphin. Ses successeurs enrôlèrent les fils de ces vaillants. On sait la place honorable qu'ils ont dès lors tenue sur tous les champs de bataille de l'Europe. La race n'a point dégénéré ; les troupes suisses de nos jours ont toute la vigueur des vieilles bandes d'autrefois.

Quel en est l'effectif ?

« Nous possédons, écrivait le général Dufour, à la » veille de la guerre de 1870, nous possédons une » armée de plus de cent mille hommes bien équi- » pés, bien armés, et soutenus par une landwehr » qui a aussi à peu près cent mille hommes. »

La guerre terminée, les Suisses se sont derechef émus de la question des garanties de cette neutralité admise en principe, mais tant menacée au cas d'une nouvelle conflagration européenne. Ils se sont demandé ce qu'il adviendrait de ces fameuses garanties le jour où l'Europe se trouverait déchirée en deux camps; où chacun des partis en présence, n'ayant plus à ménager les puissances déjà déclarées pour ou contre lui, serait tenté de mettre la main sur le « nœud vital », si bien en relief sur la carte militaire du continent. Le gouvernement fédéral a pensé, non sans raison, que la Suisse devait être assez forte pour assurer elle-même son indépendance et il a, en conséquence, procédé à la refonte de ses institutions militaires.

La nouvelle loi, votée par l'Assemblée fédérale le 13 novembre 1874, dispose que, à part quelques troupes cantonales, chargées d'un service de gendarmerie, la Confédération n'entretient point de troupes permanentes ; elle a cru devoir conserver à l'armée son caractère de « milice » qui lui a semblé en parfaite harmonie avec l'organisation politique et les conditions sociales du pays.

L'armée est maintenant *fédérale* — de cantonale qu'elle était auparavant. Tout sujet suisse doit le service personnel de vingt à quarante-quatre ans, dont douze ans dans l' « élite » (armée active) et douze dans la landwehr. Dans ces conditions, l'armée active comporte un effectif de plus de cent mille hommes, et cet effectif se trouve doublé du fait de l'appel des landwehriens. En somme, l'importance des troupes fédérales se chiffre par un total d'environ deux cent quinze mille hommes de bonnes troupes.

Nous disons *de bonnes troupes*, bien que nous ne soyons ici qu'en présence d'une milice. C'est que, quoique son armée ne soit point permanente, la Suisse s'est elle-même dotée d'une organisation aussi *permanente* que solide, fonctionnant sous le nom de « Département militaire fédéral ». Ce Département n'est autre chose qu'un État-Major général savamment constitué, chargé du soin de préparer les règlements, d'en surveiller l'exécution, de diriger l'instruction des Écoles et des Sociétés militaires, de former et d'entretenir en permanence d'excellents cadres tout prêts à recevoir, au moment du besoin, une population essentiellement militaire.

Appuyés de cinquante batteries d'artillerie (1), les 200,000 hommes de l'armée suisse constitueront, en cas de guerre, une force extrêmement respectable, à la condition toutefois qu'ils puissent se mobiliser rapidement. Il est indispensable, en effet, qu'ils soient en mesure de repousser, sur tel point qu'il faudra, l'attaque imprévue du brelan d'alliés qui les circonviennent; de faire — à la fois ou successivement — face à des Allemands, des Autrichiens, des Italiens insultant leurs frontières.

Voyons, à ce propos, quelles sont les routes d'invasion des troupes de la Triple Alliance.

L'offensive allemande peut se prononcer sur toute la ligne du Rhin, depuis le lac de Constance jusqu'à Bâle. Il convient, d'ailleurs, d'observer que les Allemands n'ont aucun intérêt à forcer le fleuve en un point *quelconque*, pris entre Bâle et le confluent de l'Aar. Au cas d'une tentative de passage dans cette

(1) L'arsenal fédéral est installé dans Aarbourg dont les remparts sont taillés en plein roc. Il s'y trouve d'excellents abris.

dernière section, ils verraient leurs communications menacées par les forces françaises concentrées à Belfort. Mieux vaut pour eux opérer en aval de Bâle, là où ils sont maîtres des deux rives. C'est seulement dans la section du Rhin comprise entre le confluent de l'Aar et Constance qu'il peut leur être avantageux de franchir le fleuve.

L'armée austro-hongroise peut déboucher sur le territoire helvétique par deux voies ferrées coupant la frontière à Luziensteig et Rheineck, près de l'embouchure du Rhin dans le lac de Constance. Entre ces deux positions serpentent aussi quelques routes et sentiers, tracés dans les gorges des Alpes d'Appenzell.

L'envahisseur peut, d'autre part, réunir sur le lac de Constance nombre d'embarcations à l'effet de tourner, par voie de débarquement, les ouvrages de fortification que la Suisse aurait élevés à Rheineck.

Au cas d'une nouvelle guerre franco-allemande, l'Italie ne se bornerait vraisemblablement pas à dessiner contre nous, le long de la frontière des Alpes, des diversions utiles assurément, mais trop indépendantes des opérations du gros des forces de la Triple Alliance pour aboutir à des résultats décisifs. L'Allemagne attend mieux que cela du pays dont M. Crispi dirige les destinées.

Aussi, nos anciens compagnons d'armes de 1859 n'ont-ils actuellement d'autre souci que celui de construire force chemins de fer qui puissent leur servir à la concentration de leurs forces du côté voulu par les circonstances. Ils viennent de pousser une ligne d'Ivrée à Aoste, une autre ligne de Novare à Domo-d'Ossola ; ils ont encore d'autres voies en cours d'exécution. Leur projet est de tomber en Suisse *à la fois* par le Grand Saint-Bernard, le Simplon, le Saint-Gothard, les cols des routes du Splügen et de l'Engadine. A partir de la Suisse, on les verrait, dit-on, franchir ensuite le Jura ou bien encore pratiquer la coupure du Rhône à Genève et déboucher dans la vallée de la Saône afin d'opérer, au plus tôt, leur jonction avec le gros des forces de nos envahisseurs *tedeschi*.

L'ambitieuse Italie ne connait pas d'obstacles. Cependant voilà de bien gros morceaux à « avaler ».

Pas commodes à forcer, les Alpes suisses ! Le pays est âpre, et tous les passages praticables en sont aujourd'hui défendus par de bons ouvrages.

Le système bien compris des forts assis à la Furka, à Andermatt, à Hospenthal et à Goschenen commande parfaitement les sources du Rhône, le Rhin supérieur et la vallée de la Reuss. Quant au tunnel du Saint-Gothard il a ses deux débouchés — Airolo et Goschenen — en territoire suisse et dès lors, comment faire?

Pas d'autre moyen que celui d'affronter le feu des canons de 15 centimètres dont est armée la coupole d'Airolo.

C'est dur.

~~~

L'Allemagne n'ignore pas combien ils sont hérissés de difficultés, les abords de la région helvétique. Aussi croit-elle devoir procéder, selon son habitude, par voie d'invasion *pacifique*.

Actuellement, ses financiers sont maîtres de la plupart des chemins de fer suisses; ils disposent, à leur gré, du Saint-Gothard. Ils ont, par la Compagnie *Jura-Berne-Lucerne*, la main sur le nord du Jura; par la *Suisse occidentale Simplon*, sur le sud;

par la récente fusion de ces deux compagnies, sur les communications qui relient l'Italie à la France. Ils possèdent la majeure part des actions d'une autre ligne conduisant au Vorarlberg autrichien.

Ils sont partout ; le réseau suisse leur appartiendra bientôt tout entier.

Le gouvernement impérial expédie, d'autre part, en Suisse d'importants convois d'émigrants. Ce sont généralement des sous-officiers libérés qui reçoivent ainsi mission de s'expatrier. Ces agents s'établissent à demeure dans le pays qu'on offre au développement de leur activité souterraine ; ils s'y fixent ordinairement à proximité de la frontière, afin d'être à même d'en faciliter les passages aux colonnes de la Triple Alliance. S'ils prennent femme dans le pays, la belle est largement dotée sur les fonds de la Caisse des Reptiles. Quand ils ont fait souche, ces fidèles employés reçoivent une prime.

Bien plus, outre cette armée occulte, l'Allemagne émet la prétention d'entretenir au grand jour, en Suisse, une police organisée, tolérée et même, au besoin, protégée par les autorités fédérales. (1)

Voilà, comme on dit, un comble !... le comble de l'invasion *pacifique !!*

(1) On n'a pas oublié l'incident Wolgemuth. Le gouvernement fédéral ayant cru devoir prononcer l'expulsion de cet agent secret, l'Allemagne a fait dans les règles le procès de la Suisse de sa police, de ses autorités, de sa tolérance envers les socialistes. Elle a osé déclarer caducs tous les droits du pays à la neutralité.

XXI

QUESTIONS D'ALLIANCES

La « Triple Alliance. » — Idée d'une alliance franco-allemande. — Désirs non dissimulés et invites de nos voisins de l'Est. — Conséquences merveilleuses d'une franche réalisation de l'alliance proposée. — Dires de la presse allemande. — Opinion de quelques-uns de nos compatriotes. — Le colonel Stoffel et M. Barthélemy Saint-Hilaire. — Une telle alliance a-t-elle été jamais possible et l'est-elle aujourd'hui? — Dangers à courir. — Honnêtes maximes de Frédéric-le-Grand. — Adversaires et partisans d'une alliance franco-russe. — Question de sympathie et d'affinités. — Question de gratitude. — Étude sérieuse de la solution à intervenir. — Fautes politiques du gouvernement allemand. — Sentiment de l'Europe. — Nos intérêts dans la Méditerranée. — Intérêts bien entendus des deux puissances contractantes. — L'alliance franco-russe est possible. — Fatalement elle se réalisera. — Une nouvelle Triple et même Quadruple Alliance.

Tout le monde sait ce qu'on entend par « Triple Alliance ». C'est un mot qui s'est dit et répété

13.

bien des fois depuis quelques années. La combinaison dont il s'agit est de l'invention de ce comte Andrassy qui vient de mourir et dont la presse reptilienne a si pompeusement fait l'oraison funèbre (1).

Ce pacte austro-italo-allemand est, au dire de ses

(1) Nous lisons dans *l'Europe*, journal international : « On a beaucoup remarqué que les journaux français, qui ne daignent pas saluer d'une parole bienveillante la protestation des Français d'Alsace contre le démembrement de la patrie, s'étaient montrés moins réservés pour prodiguer en l'honneur du comte Andrassy, récemment décédé, les formules de l'admiration la plus laudative et la plus déplacée. Nous les avons laissé faire chorus avec les feuilles reptiliennes pour célébrer, avec un débordement de lyrisme parfaitement ridicule, les vertus du diplomate aux allures d'écuyer de cirque qui fut un des plus grands ennemis de la France, et qui a été le promoteur de la Triple Alliance, après avoir été l'ami de Napoléon III.

« Mais nous tenons à rendre nos lecteurs juges des sentiments tout au moins singuliers qui ont pu inspirer à une certaine presse un attendrissement si inattendu, et nous voulons leur raconter une anecdote historique dont nous sommes en mesure de certifier l'entière exactitude. Ils sauront ainsi sur le comte Andrassy ce qu'il importe à tout Français de savoir, et ce qu'un biographe loyal n'aurait pas le droit de dissimuler.

« Le 10 septembre 1870, l'empereur François-Joseph convoqua un conseil des ministres extraordinaire, pour délibérer sur les événements qui venaient d'avoir lieu le 2 septembre, à Sedan, et pour examiner la politique que l'Autriche avait à suivre. Étaient présents à ce conseil : M. le comte de Beust, chancelier de l'Empire, le comte Alfred de Potocki, président du conseil autrichien, le comte Andrassy, président du conseil hongrois, le comte de Launay, ministre des finances de l'Empire, plus quatre ou cinq autres ministres sans importance, pour la plupart Allemands.

« L'empereur, ayant ouvert la séance, prit la parole pour de-

spirituels co-signataires, uniquement destiné à assurer le maintien de la paix en Europe. Au fond, personne ne s'y trompe, c'est une conjuration masquée et travestie. Oui, pour nous réduire à merci, l'Allemagne a imposé son amitié à l'Autriche, sa victime de 1866 ; et la malheureuse Autriche s'est vue contrainte et forcée de s'unir à l'Italie, que sa défaite de Cuztozza a si triomphalement élevée au rang de grande puissance.

De cette Italie, qui nous doit son indépendance (1),

mander l'avis de ses conseillers sur l'attitude que devait observer l'Autriche.

« Le comte de Launay, se levant aussitôt, déclara que, à son avis, la seule politique à suivre était de déclarer immédiatement la guerre à la Prusse. Andrassy soutint qu'une telle déclaration de guerre serait contraire aux intérêts de l'empire, et que jamais la Hongrie n'y consentirait

« Les autres ministres gardaient le silence.

« L'empereur, voyant qu'il n'y avait de son côté que M. de Beust et le comte de Launay, se leva et, après avoir tourné sur lui-même, comme pour cacher son désappointement, dit en forme de conclusion : *Après tout, messieurs, n'oubliez pas que je suis, moi aussi, prince allemand.*

« Tout le monde s'inclina. Personne n'osa dire à l'Empereur : « Sire, vous n'êtes plus un prince allemand, vous êtes l'empereur d'Autriche! »

(1) M. Thiers disait au Corps législatif (séance du 26 février 1868) : « Si l'unification de l'Italie réussit, vous aurez fondé, à côté de la France, une nation de 26 millions d'hommes qui est toute prête à donner la main à une nation de 40 millions d'Allemands, laquelle ne demande pas mieux que de s'unir à elle. Pour moi, je reste convaincu que l'avenir ne comprendra pas que la France ait pu se prêter à une œuvre pareille. »

Les événements n'ont que trop bien accusé la justesse des prévisions de M. Thiers.

nous n'avons rien à dire. L'avenir se réserve de lui faire payer ses fautes (1).

Mais voici qu'il se soulève en Europe d'autres questions d'alliances. Voici — chose inattendue ! — qu'on parle d'une évolution de notre politique nationale dans le sens d'un rapprochement avec l'Allemagne.

Ce beau projet est de nature à nous faire dresser l'oreille et veut un examen sérieux.

Il convient d'observer tout d'abord que la réalisation de cette étrange combinaison serait de nature à combler les désirs mal dissimulés du gouvernement de nos voisins de l'Est. « Avant Sadowa, dit M. Haussmann, une alliance avec la France était

---

(1) L'Italie vit aujourd'hui sur une circulation fiduciaire de cinq milliards de francs, gagée sur une réserve métallique, prétendue ou supposée, de deux cent cinquante millions de francs. Il résulte de ce simple fait que, si on liquidait demain, le porteur de papier-monnaie italien recevrait exactement cinq pour cent de sa créance.

désirée par la Prusse. Je n'en sais rien, mais... j'en suis sûr. »

Et M. de Bismarck aussi en est sûr.

Au lendemain même de la guerre, nos voisins, brutalement naïfs, ne craignaient pas de nous faire, dans ce sens, des invites étrangement mielleuses. On lisait alors dans leurs journaux :

« Après les événements de 1870-71, nous avons essayé de nous réconcilier avec la France ; nous nous sommes efforcés d'amener nos voisins de l'Ouest à oublier ce qui s'est passé (!)... »

« Nous n'avons ni le désir ni l'intention de faire la guerre à la France, et nous ne l'attaquerons pas. Si les Français voulaient vivre en paix avec nous jusqu'à l'heure d'une attaque venant de notre part, la paix serait à jamais assurée. »

« Pourquoi la France et l'Allemagne vivent-elles dans un antagonisme affligeant? D'où vient qu'un état aigu d'hostilité violente soit toujours sur le point de se déclarer entre elles ? »

« En appelant les Français nos « ennemis héré-« ditaires », nous ne cédons assurément pas à des sentiments de répulsion instinctive. Non. Nous éprouvons, au contraire, grande sympathie pour eux et aimerions mieux les nommer « amis hérédi-« taires ». Nous avons grand plaisir à vivre en paix avec tous les peuples du monde ; nous avons surtout un faible pour nos voisins de l'Ouest. »

« Oui, nous tendons la main à la France. Nous l'invitons à faire avec l'Empire allemand un *mariage de raison*. Encore une fois, nous aimons le peuple français ; nous ne désespérons pas de la réussite du dessein — qui nous tient au cœur — d'en faire, un jour ou l'autre, notre meilleur ami. »

Mariage de raison !... Soit. Mais l'empire entend sans doute faire ce qu'on appelle un beau mariage. D'où il suit nécessairement que nous en ferions un mauvais.

―⁓―

Une alliance franco-allemande, serait, au dire des promoteurs de l'idée, de nature à sortir des effets remarquables.

« Une telle alliance, déclare sans ambages la presse reptilienne, une telle alliance, franchement consentie, assurerait la paix du monde. Si nous pouvions vivre en paix avec nos voisins de l'Ouest, que de grandes choses ne ferions-nous pas ensemble ! Que de forces, aujourd'hui perdues, qui pourraient comporter un rendement utile ! »

« Un indissoluble faisceau franco-allemand, voilà quel serait l'idéal ! C'est un fait dont le peuple allemand est profondément convaincu. »

« Si l'Allemagne est plus grande puissance continentale que la France, celle-ci est plus grande puissance maritime. En s'alliant, les deux nations se complèteraient réciproquement. »

« Les deux nations sont au premier rang des plus civilisées, des plus humaines, des plus douces. Les progrès qu'elles ont fait faire à la civilisation pèsent d'un poids égal dans la balance de Dieu. Ne pourraient-elles donc pas vivre en paix ?

« Leur juxtaposition géographique leur permet des relations singulièrement faciles ; leur situation politique est telle qu'elles semblent appelées à agir de concert en Europe. De quelle force ne disposeraient-elles pas si quelque union pouvait se cimenter entre elles ; si toutes deux consentaient à se prêter un solide et mutuel appui ! »

De tout quoi il appert derechef que nos voisins de l'Est seraient, pour le moment, heureux de nous serrer la main.

Ces belles avances ne nous disent rien qui vaille.

~~~

Cependant il est — chose inouïe ! — d'aucuns de nos compatriotes qui ne seraient pas trop éloignés de l'idée d'accéder à ces désirs et de serrer cette main — encore ensanglantée — que les Allemands nous tendent.

« L'alliance des deux pays, dit le colonel Stoffel, cette alliance, — si elle portait, de part et d'autre, le caractère d'une entière sincérité — marquerait peut-être l'origine d'une ère de réconciliation entre deux races qui n'ont cessé, pendant plus de vingt-cinq siècles, de se jalouser et de se combattre. En tout cas, on n'en aurait jamais vu de plus puissante et de plus féconde. Deux grands peuples, forts l'un et l'autre par leur génie propre, par leur civilisation et par leurs armées, établis en une agglomération de quatre-vingts millions d'âmes dans la partie centrale de l'Europe, depuis la Vistule jusqu'à l'Océan, garantiraient presque à coup sûr la paix générale. Au lieu de vivre dans une agitation continuelle et d'épuiser ses finances en frais d'armement, l'Europe, s'adonnant à sa mission civilisatrice, pourrait inaugurer une période de tranquillité, de progrès et de travaux productifs. »

M. Barthélemy-Saint-Hilaire semble partager l'opinion du colonel Stoffel (1).

Tels sont les vœux exprimés. Faut-il s'attendre à leur accomplissement? Une alliance franco-allemande est-elle possible? L'a-t-elle jamais été?

A cette dernière question, il est permis de répondre affirmativement. Avant Sadowa, la possibilité était manifeste aux yeux de tout le monde, même à ceux de M. de Bismarck qui, à cette époque, on s'en souvient, a pris la peine de faire le voyage de Biarritz pour offrir à Napoléon III l'amitié de son maître.

(1) Nous lisons à ce propos dans *l'Europe*, journal international : « On ne saurait s'étonner, hélas! que M. Barthélemy-Saint-Hilaire ait manifesté, devant un reporter du *Galignani Messenger*, son enthousiasme pour M de Bismarck qui a démembré la France et pour son impérial maître, chef de cette féodalité militaire qui rêve d'effacer notre patrie de la carte de l'Europe. Cette manifestation, d'une opportunité douteuse, n'est pas le moins du monde une tentative de mystification. Nous ne sommes pas surpris non plus que M. Barthélemy-Saint-Hilaire éprouve une sympathie débordante pour les exploiteurs séculaires du vieux continent et pour leur puissance fondée par le brigandage, les spoliations, le trafic des peuples; en un mot, par une longue série de ruses et d'abus de la force: il confond l'érudition avec la civilisation; il est séduit par la barbarie pédantesque, éclairée à la lumière électrique; par la barbarie organisée qui fait la traite des blancs au nom de l'archéologie. »

Conclue avant Sadowa, l'alliance proposée eût paré aux désagréments de notre échec dans la fameuse affaire du Luxembourg. Elle eût eu pour premier résultat de nous faire rendre les provinces rhénanes en retour d'une reconnaissance de l'empire germanique, que l'Allemagne eût alors pu se permettre de proclamer sans coup férir.

Ultérieurement, après la journée de Wœrth, après le désastre de Sedan, alors que l'empire d'Allemagne n'était pas encore fait, le consentement d'une alliance offensive et défensive aurait-il pu nous épargner la perte de l'Alsace et de la Lorraine?

Peut-être.

Mais à quoi bon faire des retours vers le passé? La question est de savoir si l'alliance dont il s'agit est possible à l'heure qu'il est.

Cette question, le colonel Stoffel va lui-même la résoudre et la résoudre négativement. « En privant, dit-il, la France de sa sécurité par l'annexion de l'Alsace-Lorraine, l'empereur Guillaume a commis la même faute que Napoléon Ier dictant à la Prusse, après Iéna, des conditions humiliantes. Cette énergique nation se montra grande alors en les subissant sans les accepter, et en ne reculant devant aucun sacrifice qu'elle ne les eût déchirées. La France ressent aujourd'hui l'humiliation de 1871 aussi vivement que la Prusse ressentit celle de 1806. Tant que durera cet état de choses, aucun de ses gouvernements ne pourra songer ni à une réconciliation, ni à une entente, et un ministre ou un chef d'État qui oserait se prêter à un accommodement quelconque tomberait accablé sous le poids de l'indignation publique. »

Le *Journal des Débats* s'est, d'ailleurs fait en ces termes très nets l'écho de la profession de foi des *irredenti* français : « Quand même nos frères d'Alsace et de Lorraine seraient délivrés du cruel régime que leur a imposé la conquête, quand même ils n'auraient jamais été séparés de nous, l'idée d'une alliance entre la France et l'Allemagne contre la Russie serait une idée à repousser avec énergie, une idée contraire aux sentiments, aux traditions, à tous les intérêts de notre pays. Elle a eu ses partisans en d'autres temps. Elle a été assez populaire parmi les écrivains et les orateurs d'une certaine école. Jamais les gouvernements français doués de quelque intelligence ne se la sont appropriée, ne l'ont adoptée, comme le principe de leur action extérieure. »

Et puis, d'autre part, l'Allemagne admettra-t-elle jamais la condition *sine qua non* que le colonel Stoffel met à la conclusion d'une alliance offensive et défensive, à savoir la rétrocession de l'Alsace et de la Lorraine? Y compter, ce serait se faire d'étranges illusions. Jamais, au grand jamais, l'Allemagne — elle l'a cent fois déclaré — ne nous rendra nos provinces perdues, à moins d'y être contrainte *manu militari*. Hier encore, après une pareille déclaration, un des journaux d'outre-Rhin concluait mélancoliquement à ce sujet :

« La bonne harmonie n'est pas facile à rétablir entre la France et l'Allemagne. C'est que les deux nations sont toujours en procès à propos d'une délimitation de frontières, et que ce procès héréditaire n'est pas encore vidé. Il se passera donc encore un long temps avant que tous les ressentiments soient apaisés, que toutes les sources de querelles soient définitivement taries. »

Ce n'est donc pas encore demain que se cimentera la réconciliation des deux peuples.

Faut-il le regretter? Non, car il est et sera toujours dangereux de rien conclure en fait d'entente amicale avec des hommes politiques, fidèles observateurs des principes hardis jadis posés par le « Grand Roi. »

« La Religion, a dit Frédéric II, est absolument nécessaire dans un État. C'est une maxime qu'il serait fou de vouloir discuter. Un roi est maladroit quand il permet que ses sujets en abusent, mais aussi un roi n'est pas sage d'en avoir... Voulons-nous faire un traité avec quelque puissance? Si nous nous souvenons seulement que nous sommes chrétiens, tout est perdu, nous serons toujours dupés. »

« S'allier pour son avantage est une maxime d'État, et il n'y a pas de puissance qui soit autorisée à la négliger. De là suit cette conséquence (*sic*) qu'il faut rompre son alliance lorsqu'elle est préjudiciable. »

« Dans ma première guerre avec la Reine (Marie-Thérèse), j'abandonnai les Français parce que je gagnais au marché de la Silésie. Quand je les aurais conduits jusqu'à Paris, ils ne m'en auraient jamais donné autant. »

« Quelques années après, je renouai avec eux parce que j'avais envie de tenter la conquête de la Bohême et que je voulais ménager cette puissance pour le besoin. »

« J'ai négligé, depuis, cette nation, pour m'approcher de celle qui m'offrait le plus. »

Le grand Frédéric a fait école. Ce qu'il a consigné dans ses mémoires a toujours été et sera toujours la Bible de ses successeurs.

Encore une fois, il ne faut pas nous plaindre de ce que toute idée d'alliance franco-allemande soit, de longtemps encore, impossible à réaliser.

A n'entendre que les promoteurs de l'idée d'une alliance franco-allemande, la France courrait bien d'autres dangers de la part d'une autre puissance que l'Allemagne. « Ce danger, dit le colonel Stoffel, est à l'Est, où il grandit sans cesse, lentement, mais sûrement. Il n'est pas nécessaire, en effet, d'avoir beaucoup médité sur l'Europe pour voir que, grâce aux divisions qui désunissent les peuples, la Russie s'emparera des provinces du Danube un jour ou l'autre. Ce jour venu, elle étreindra l'Europe depuis la Baltique jusqu'à l'Archipel, protégée sur ses flancs par ces deux mers, et ne pouvant être tournée. Disposant des nombreux marins des îles de l'Archipel, elle atteindra bientôt les côtes de l'Adriatique et Trieste. Qu'elle ait alors un Tsar de la race des conquérants; comment les peuples occidentaux, désunis, résisteront-ils à la formidable poussée de la race slave? Ce sera la guerre de la civilisation contre la barbarie, et le moment peut-être où s'accomplira, pour l'Europe, la prophétie de Napoléon Ier, à Sainte-Hélène : « République ou Cosaque. »

Et, se jetant vivement dans ce courant d'idées, M. Barthélemy Saint-Hilaire prend ouvertement parti pour la « Triple Alliance » contre la *barbarie slave* (1) qu'il semble désigner en but à une croisade menée par tous les États de l'Europe.

(1) Ce mot a valu à l'ancien ministre des Affaires étrangères une verte semonce du journal international l'*Europe* :

Eh bien! nous ne nous sentons au cœur aucune envie de nous croiser. Bien plus, nous estimons qu'il convient d'examiner avec soin la question aujourd'hui posée de l'éventualité d'une alliance franco-russe.

———

D'abord, il nous séduit tout naturellement, ce projet d'alliance qu'un doctrinaire s'est permis de

« Prendre à partie les Slaves, traiter de barbare une race qui a toujours témoigné une prédilection marquée pour la culture française, c'est de l'ingratitude. M. Barthélemy-Saint-Hilaire a eu la fâcheuse inspiration de louer ceux qui ont démembré la France, tout en offensant ceux qui l'ont plusieurs fois sauvée. Il oublie non seulement que des Slaves, des Tchèques ont eu, seuls en Europe, le courage de protester, en 1870, par la voix de leurs représentants légaux, contre l'annexion de l'Alsace-Lorraine, mais aussi que, pendant une période de dix années après Sedan, c'est l'attitude d'une puissance slave qui qui a nous préservés d'une extermination totale.

« En des circonstances qu'il est inutile de rappeler, les représentants de la France entière ont su se faire les interprètes de la reconnaissance nationale. Plût au ciel que, en 1870, la *barbarie slave*, oubliant ses griefs et nos erreurs, nous eût protégés contre la *civilisation allemande* qui venait lancer des milliers d'obus sur Paris!

qualifier d'« ineptie (1) » et il est bien certain qu'il est essentiellement populaire (2).

C'est qu'il existe entre les Slaves et nous des affinités de caractère d'où naissent irrésistiblement de

---

(1) Le mot est vif, si vif qu'il a valu à son auteur cette autre volée de bois vert : « Il nous semble que M. Barthélemy-Saint-Hilaire passe vraiment la mesure quand il traite l'alliance franco-russe d'*ineptie*. — Traiter d'ineptie une idée chère à 38 millions de Français, au cœur de tout un peuple que son instinct a si rarement trompé, et qui a si souvent expié de son bonheur et de son sang les lourdes fautes dues à la fatuité, à l'ignorance, à l'imbécillité même de tant de pédants égarés dans la diplomatie, c'est une parole téméraire. Le peuple n'étudie pas les travaux archéologiques de la savante Allemagne, mais il n'a rien perdu de son bon sens traditionnel, le vieux bon sens pratique de La Fontaine. Dans sa propre cause, il est plus avisé, plus clairvoyant que les académiciens qui prétendent lui imposer des théories d'école, d'ailleurs parfaitement surannées. Il ne faut donc pas faire fi de son sentiment, encore moins le qualifier avec mépris. »

(*L'Europe*, journal international, n° du 6 mars 1890).

(2) Quel n'a pas été, par exemple, le succès de la pièce de « Skobelew »!...

M. Drumont vient d'insérer dans sa « Dernière Bataille » ces quelques lignes qui ne manquent pas de saveur : « J'ai vu, dit-il, des prolétaires pleurer d'attendrissement à une pièce que l'on jouait à l'Alhambra des Batignolles. Cela s'appelait *L'Alliance russe* ou *l'Enfant des Batignolles*. Il y avait là-dedans une scène avec un cocher et l'on applaudissait à outrance.

— Cocher! cocher! dix francs pour aller à l'Exposition!
— Flûte!
— Cocher! quinze francs!
— J'vas relayer...
— Voyons, cocher, prenez-moi... je suis Russe!...
— Vous êtes Russe!... Alors, c'est à l'œil... Hue, cocotte!

profondes sympathies (1). On a dit bien des fois que les Russes ne sont autre chose que des « Français du Nord ». Quelle que soit la justesse de l'expression, nous ne saurions méconnaitre la solidité des liens qu'a resserrés entre les deux peuples le fait des services rendus et reçus.

Pour nous, c'est uniquement affaire de gratitude.

En 1815, par exemple, n'est-ce pas l'empereur Alexandre Ier qui, seul contre tous les autres souverains alliés, s'est énergiquement opposé au démembrement de la France? N'est-ce pas à lui — quoi qu'on dise — que notre pays a dû son salut?

A soixante ans de là (1875), la France se relevait trop vite, au gré de nos voisins de l'Est. L'Allemagne était agitée, troublée... elle avait conscience de n'avoir qu'à demi écrasé l'ennemi héréditaire; elle sentait qu'il ne lui était possible de dormir qu'en ayant toujours un œil ouvert sur nous.

Un journal ministériel de Berlin — la *Post* — jetait des cris d'alarme et se montrait éperdument inquiet

---

(1) On n'a pas oublié, par exemple, les procédés aimables, pour ne pas dire amicaux, dont les officiers russes usaient envers les officiers français — et réciproquement — au cours du siège de Sébastopol. Assiégeants et assiégés rivalisaient de courtoisie; ils s'estimaient, se respectaient, se traitaient mutuellement en frères d'armes. Les événements de la guerre de Crimée n'ont mis ni laissé aucun fiel au cœur des braves gens avec lesquels nous nous sommes loyalement mesurés.

Aujourd'hui, de communs sentiments nous rapprochent les uns des autres. On sait que les officiers russes ont, comme les officiers français, la haine de l'Allemand.

du fait de la rapidité de réorganisation de nos forces militaires. M. de Bismarck conçut alors l'idée de nous abattre et voici, d'après le *Times*, le programme des opérations préméditées :

« Entrer en France, investir Paris, prendre position sur le plateau d'Avron, imposer un nouveau traité restituant Belfort à l'Allemagne et limitant le chiffre de notre armée active, frapper le vaincu d'une nouvelle contribution de dix milliards, payable en vingt ans, avec intérêt à 5 0/0, et sans anticipation de payement. »

Le cas était sérieux. Le maréchal de Mac-Mahon s'attendait chaque jour à quelque agression *ex abrupto*, sans déclaration de guerre, sans *ultimatum* préalable.

Nous n'avons échappé au danger que grâce à l'intervention de la Russie.

Ultérieurement, en 1886-87, si l'affaire Schnæbelé ne nous a pas amené la guerre, nous le devons uniquement aux bons offices d'Alexandre III. Le comte Mourawiew, conseiller de l'Ambassade russe à Berlin, fut alors chargé de remettre à Guillaume Ier une lettre autographe de son maître, lettre par laquelle l'empereur de Russie adjurait l'empereur d'Allemagne de clore, au plus tôt, l'incident.

Bien que le sentiment tienne un grand rôle dans l'accomplissement du drame des affaires humaines, il faut, en matière de relations internationales, consulter avant tout la raison d'intérêt. Dans cette question de projet d'une alliance franco-russe nous n'avons à élucider que ce point :

Quel est l'intérêt de la Russie? Quel est l'intérêt de la France?

Constatons d'abord qu'il est une loi aux termes de laquelle les deux puissances tendent fatalement à se rapprocher l'une de l'autre. Cette loi, la sagesse des brahmanes de l'Inde l'a jadis formulée ainsi :
« Ne fais jamais alliance avec ton voisin, mais avec
« le voisin de ton voisin. »

Ce n'est pas l'Allemagne, c'est la Russie qui instinctivement nous attire.

Une grosse faute politique du gouvernement allemand a, d'ailleurs — dès 1871 — incité les deux États à s'unir, à se promettre, implicitement, en cas de guerre, un solide et mutuel appui. A cette époque, dit fort bien le colonel Stoffel, « les conseillers de l'empereur Guillaume n'eurent aucune vue éloignée. Ils ne surent pas discerner qu'un démembrement, périlleux et humiliant pour la France, allait rendre cette puissance irréconciliable à tout jamais; que, d'autre part, la création d'un vaste empire au centre de l'Europe exciterait forcément la jalousie de la Russie, habituée à dominer les États de la Confédération germanique, et qu'avant peu l'Allemagne aurait, attachées à ses flancs, deux nations militaires des plus redoutables, prêtes à s'unir contre l'ennemi commun.

« Ces conseillers ne surent pas alors percer l'avenir et discerner, comme conséquence forcée de leur politique, l'entente prochaine de la France et de la Russie, devenues les ennemies irréconciliables de l'empire allemand et l'étreignant sur ses deux flancs, l'une à l'ouest, l'autre à l'est. Tel est pourtant le résultat le plus clair de la politique inaugurée en 1871 par les auteurs du traité qui a démembré la France. Les faits parlent d'eux-mêmes et la condamnent irrévocablement. »

Depuis lors il s'est commis une autre énormité, celle du scellement de la Triple Alliance. Ce sont les allures comminatoires de ce ménage à trois qui, fatalement, rapprochent la France de la Russie. Une alliance tacite des deux États n'est que la conséquence logique des événements qui s'accomplissent chaque jour sous nos yeux.

Le spectacle en est inquiétant. Il n'est pas de puissance continentale qui ne vive dans des transes aiguës, qui ne se demande avec douleur quel sort l'avenir lui réserve. « Le danger qui plane sur l'Europe et menace l'existence des nations, ce danger vivant, dit M. Wickersheimer (1), c'est le Pangerma-

---

(1) *L'Alliance franco-russe*, réponse à M. de Tatitscheff. — Paris, Savine, 1890.

nisme, c'est l'Allemagne pesant de tout son poids sur l'Europe par sa population pullulante, par ses armées, son commerce, son industrie; par ses colonies qui s'infiltrent partout et altèrent la pureté de toutes les nationalités ; par ses alliés, par toutes les nations inféodées à sa politique ; par la terreur et par l'absence de tout contre-poids à sa toute-puissance. Ce contre-poids existe, mais il n'est encore qu'une force latente ; il se compose de deux fragments — la France et la Russie — qui se font pendant aux extrémités de l'Europe et qui, liées entre elles, rétabliront l'équilibre violemment détruit depuis vingt ans. »

Ainsi qu'à l'auteur, l'alliance franco-russe nous apparaît comme une nécessité inéluctable. Oui, c'est une nécessité car il est bien certain que tout affaiblissement de la Russie serait un désavantage pour la France. Il est non moins évident que le jour où, éprouvée par de nouveaux désastres, la France aurait dû mettre bas les armes, la Russie se verrait seule à découvert devant une coalition austro-italo-allemande.

En ce qui nous concerne, nous devons d'ailleurs songer à la défense d'un intérêt spécial, au maintien de l'équilibre entre toutes les puissances intéressées à la liberté de la navigation sur la Méditerranée, cette mer intérieure qui a été de toute antiquité et qui est restée de nos jours la route des échanges entre l'Occident et l'Orient.

Depuis des siècles, la France, assumait seule en Orient la protection des nationalités chrétiennes et tirait de cette situation morale et politique des avantages commerciaux considérables; mais, au cours de ce siècle, elle a vu sa puissance méditerranéenne pâlir devant celle de quelques autres nations dont les intérêts, aujourd'hui coalisés, manquent de contre-poids suffisant, sans que la conquête de l'Algérie et de la Tunisie lui ait fait obtenir la compensation qu'elle était en droit d'espérer.

Maîtresse de Gibraltar, l'Angleterre est en mesure de s'opposer à la concentration de nos forces navales de l'Océan et de la Méditerranée. Maîtresse de Malte, elle surveille de là le passage de la Méditerranée latine à la Méditerranée grecque.

Le Directoire avait jadis bien compris le danger qui nous menaçait sur le chemin de l'Orient. L'expédition de Bonaparte n'avait pour but ni la conquête de la Syrie, ni celle des Indes, mais l'occupation d'une position stratégique permettant à la France de faire équilibre aux forces de l'Angleterre ; d'assurer au commerce national une bonne situation dans le Levant.

Contrairement aux idées de Napoléon Ier, Napoléon III professa toujours une prédilection marquée pour l'alliance anglaise, et cette tendance lui fit diriger la politique de la France dans un sens tout à fait contraire à ses intérêts essentiels. Pour complaire à l'Angleterre, on fit la guerre de Crimée, afin d'interdire à la flotte russe l'accès de la Méditerranée. Ce fut une faute impardonnable, non seulement au point de vue de nos intérêts continentaux — faute que la Russie nous a fait payer en 1870, en conservant une neutralité partiale pour la Prusse — mais encore au point de vue de notre influence en Orient et de l'équilibre méditerranéen. En rejetant la Russie hors de la Méditerranée, nous laissions l'Angleterre maîtresse de la route des Indes et prépondérante dans la région des échelles du Levant. La présence d'une flotte russe eût suffi, au contraire, à établir l'équilibre d'influences et d'intérêts auquel, depuis cette erreur commise, nous aspirons vainement.

Les mêmes raisons doivent nous faire condamner la politique suivie à l'égard de l'Italie. En favorisant l'unité de l'Italie — sans qu'il lui en coutât un sou ni un homme — l'Angleterre espérait bien nous susciter une rivale dans la Méditerranée.

Ce n'est pas tout. Le traité de San Stefano restituait à la Russie une place dans la Méditerranée.

La rancune de l'Allemagne a trouvé son meilleur appui dans la jalousie de l'Angleterre pour en exclure une seconde fois sa rivale en Asie et — méprise bien étrange de notre part ! — la diplomatie française a prêté la main à cette politique. Sa complaisance fut payée de la cession de la Tunisie — à charge de conquête — au grand dépit de l'Italie, dont on escomptait déjà le mécontentement contre la France, au profit de l'influence anglo-allemande. Pendant ce temps, l'Angleterre négociait avec le Sultan la cession de l'île de Chypre et l'occupait sans résistance.

Ce n'est un mystère pour personne que l'Allemagne unifiée rêve de faire de Trieste son arsenal maritime sur la Méditerranée, et que l'accession de l'Angleterre à la Triple Alliance — en vue du prétendu équilibre à maintenir sur cette mer — — est le dernier acte de cette coalition de rancunes et de jalousies contre les droits traditionnels de la France.

Comme sur le continent, la Russie seule peut nous aider à contrebalancer sur la Méditerranée la coalition des intérêts hostiles aux nôtres. Il semble en vérité qu'il serait temps de suivre à cet égard une politique essentiellement française, hardie et prudente à la fois, dédaigneuse des formules consacrées et des doctrines surannées dont l'application n'a jamais profité qu'à nos concurrents.

L'alliance franco-russe est-elle possible ? Certes. Elle est, d'ores et déjà, implicite et vivante. Un jour viendra où, sortant de cet état latent, elle se prononcera à ciel ouvert et sortira glorieusement ses effets. La Russie et la France se donneront publiquement la main, en dépit des obstacles que des intérêts contraires aux leurs sèment, à tout moment, sur la route qu'elles pratiquent tacitement de conserve. Dans un but commun, elles uniront leurs efforts, malgré la divergence de formes de leurs gouvernements; malgré d'anciens dissentiments provenant des guerres du premier et du second empire; malgré le souvenir de l'appui prêté par nous aux insurrections polonaises; malgré le déplorable et bête incident de Sagallo (1).

L'auteur anonyme d'une intéressante brochure

---

(1) L'empereur de Russie, observe M. Drumont, a plus d'une fois « manifesté l'intention de s'unir à nous; mais, toutes les fois qu'il s'est adressé au gouvernement français, c'est le gouver-

récemment parue (1) conçoit l'adjonction du Danemarck à la future alliance franco-russe. « Cette Triple Alliance, dit-il, cette alliance *franco-danorusse*, grâce aux éléments qui la composent, grâce à la situation géographique de ces divers éléments par rapport aux puissances allemande, autrichienne et italienne, présente des chances de succès beaucoup plus grandes que la Triple Alliance inventée par M. de Bismarck.

« Situé presque en face du centre géographique de l'Allemagne, et à peu près à égale distance de la France et de la Russie, le Danemarck se prêterait admirablement aux combinaisons stratégiques des forces franco-russes alliées dans une guerre européenne. »

L'auteur a même l'intuition de l'avènement d'une

---

nement de Berlin qui lui a parlé de ses propositions. Quand il a voulu insister là-dessus, Berlin lui a fait répondre par le bombardement de Sagallo.

. . . .

« Le parti-pris de nos gouvernants de froisser la Russie s'est affiché si grossièrement, leurs sympathies pour l'Allemagne s'étalent avec tant de cynisme que M. de Mohrenheim s'est décidé à rester presque toujours absent de Paris.

. . . .

« Il n'est pas un attaché d'ambassade étrangère qui ne vous raconte que l'Allemagne est tenue au courant de toutes les communications diplomatiques faites à la France ; que la France ne fait rien sans la permission de l'Allemagne. »

(1) Anonyme, *La Triple Alliance de demain*. — Paris, Savine, 1890.

Quadruple Alliance. Au brelan de la Russie, du Danemarck et de la France accédera, pense-t-il, la Suisse.

Le brelan deviendrait « carré ».

En attendant la réalisation de ces beaux rêves, il nous faut être sages ; il nous faut entretenir nos forces. Oui, soyons forts, et si nous le sommes, les offres d'alliance offensive et défensive ne nous feront point défaut.

Avec les bonnes maisons c'est à qui fera des affaires.

XXII

COUP DE SONDE DANS L'INCONNU

L'empereur Guillaume II. — Quelques traits de son caractère insaisissable. — Manifestation de ses intentions pacifiques. — Nouveaux armements allemands nécessaires au *maintien de la paix*. — Conséquences de la retraite de M. de Bismarck. — Éventualité de sa rentrée en scène. — *Casus belli.* — Dénonciation des traités de commerce consentis. — Dérivatif aux agissements socialistes. — Attaque « ex abrupto » possible. — Gravité de la situation. — Garde à vous!

Originale, étrange et mobile, la physionomie de l'empereur Guillaume II est difficile à saisir. La figure que nous avons sous les yeux est celle d'un souverain jeune, ardent, énergique, impatient du repos, emporté par un prodigieux besoin de mou-

vement. Enclin au mysticisme, aimant les coups de théâtre, l'auguste élève du professeur Hinzpeter déclare avoir pris pour modèle son aïeul vénéré. « J'ai adopté, dit-il, les idées de mon grand-père...
« je veux marcher sur ses traces... les principes
« de ma famille étaient réalisés dans la personne
« de mon grand-père... il considérait sa situation
« comme un devoir tracé par Dieu, auquel il
« consacra jusqu'à sa mort toutes ses forces. Je
« pense comme lui et je considère que le peuple et
« le pays sont — comme le dit déjà la Bible — un
« gage que Dieu m'a confié et dont j'aurai à rendre
« compte un jour. »

« La personnalité énigmatique de notre jeune empereur intéresse beaucoup les Français », disait dernièrement la *Gazette de Cologne*. Très intéressante, en effet, cette personnalité remuante et agitée, mais — nous ne saurions le dissimuler — singulièrement inquiétante !

Guillaume II est d'humeur essentiellement autoritaire. A l'heure où les événements que l'on sait lui présageaient un prochain avènement au trône impérial : « Quand je serai empereur, disait-il, je serai empereur ! » Hier, un de ses discours à sensation avait pour péroraison ces mots significatifs :

» Que, si l'on veut commenter mes paroles, on se
« souvienne de cette maxime d'un empereur :
« *Il ne faut jamais ni commenter ni critiquer ce que*
« *dit un empereur.* »

Élevé en soldat, militaire dans l'âme et sans nul doute avide de gloire, le jeune souverain doit rouler en sa tête des desseins dont le sens nous échappe et dont nous ne saurions mesurer l'étendue. Que se propose-t-il de faire? Que fera-t-il? C'est l'inconnu, mais un inconnu redoutable.

On peut s'attendre à tout.

~~~

Provisoirement, l'empereur d'Allemagne ne manifeste que des intentions pacifiques.

Il disait dernièrement : « Quand, dans la presse
« et dans le public, on parle de dangers prochains,
« il faut se dire que tout ne va pas aussi mal que
« cela en a l'air. On peut avoir confiance en moi ;
« je protégerai toujours la cause de la paix. »

Et dans son discours d'ouverture du Reichstag :
« Maintenir la paix, déclarait derechef Sa Majesté
« impériale, maintenir la paix d'une façon durable,
« tel est le but continuel de mes efforts. Je puis
« exprimer cette conviction que je suis parvenu à
« consolider chez tous les gouvernements étrangers
« la confiance que leur inspire la loyauté de ma po-
« litique à cet égard. Le peuple allemand reconnaît,

« comme moi et comme les augustes princes confé-
« dérés, que le devoir de l'Empire consiste à proté-
« ger la paix en s'efforçant de maintenir les alliances
« que nous avons conclues pour nous défendre et
« les relations amicales que l'Allemagne entretient
« avec les États étrangers, afin de faire progresser le
« bien-être et la civilisation. »

~~~

Mais comment se réalisera-t-il, ce rêve de paix universelle? Le pacificateur Guillaume II ira-t-il jusqu'à formuler des propositions tendant à décharger l'Europe de l'écrasant fardeau de la Paix armée, à prévenir sa ruine, à la guérir de la fièvre des armements à outrance ?

L'empereur osera-t-il, ainsi que d'aucuns le prétendent, aborder la question d'un désarmement simultané de toutes les puissances européennes?

Cela n'est pas probable. Il est trop certain, au contraire, que tous les États formant ce que l'on appelle le « Concert européen » vont, plus fort que jamais, crier : *Au feu!* attendu qu'une conflagration générale leur apparait, plus clairement que jamais, imminente (1). Certain passage d'un récent discours impérial n'est point, il faut le dire, fait pour les rassurer. Ce passage, le voici :

« Pour accomplir cette tâche (le maintien de la paix), l'Empire (allemand) a besoin d'une puissance militaire répondant à la situation qu'il occupe au cœur de l'Europe.

« Toute modification de la puissance relative des États met en danger l'équilibre politique et les garanties de succès de tous les efforts faits en vue du maintien de la paix. Depuis le moment où l'on a fixé pour un laps de temps déterminé les bases de la constitution de notre armée, les institutions militaires des États voisins se sont développées et perfectionnées dans des proportions imprévues.

« On n'a rien négligé chez nous, il est vrai, de ce qu'on pouvait faire pour augmenter nos forces militaires, dans les limites fixées par la loi ; mais ce qu'on a pu faire à ce point de vue n'a pas été suffisant pour empêcher la modification apportée à la situation générale de nous être défavorable.

« On ne peut pas tarder plus longtemps à aug-

---

(1) Très inquiète, la Russie arme ; elle redouble d'activité et se tient prête à tout événement, depuis qu'il est question d'ouvrir une conférence militaire ayant trait à certain projet de désarmement général.

Un Allemand nous disait il y a quelques jours :

« Si l'Empereur prépare une surprise, elle sera pacifique. Seulement, personne au monde ne peut garantir qu'il n'en sortira pas la guerre. »

menter l'effectif de présence en temps de paix, ainsi que l'effectif des corps de troupes et, en particulier, de l'artillerie de campagne. Vous serez saisis d'un projet de loi portant que l'augmentation nécessaire de l'armée sera réalisée le 1er octobre de cette année (1890). »

Ainsi, l'œuvre du maintien de la paix va nécessiter un notable accroissement des effectifs de l'armée allemande ! (1)

Le monde politique s'est ému du départ de M. de Bismarck, du vieux chancelier de fer qui se disait, non sans raison, le protecteur de la République française. Le fait de sa retraite serait-il de nature à changer, vis-à-vis de nous, l'orientation de la politique allemande? Pas le moins du monde. Il n'est, pour nos voisins de l'Est, qu'une seule ligne poli-

---

(1) Suivant les calculs de M. Richter, l'organisation militaire qu'on élabore en ce moment impliquerait un contingent annuel de 353,806 hommes. L'armée active SUR LE PIED DE PAIX comporterait : en 1896, un effectif de 935,000 hommes; en 1900, de 1,032,000.

Plus d'UN MILLION d'hommes sous les armes pour le *maintien de la paix!*

En cas de guerre, on verrait le quart de la population mâle sous les drapeaux !!

tique admissible : celle qu'a tracée Frédéric II ; celle qu'ont suivie et suivront tous ses successeurs.

Tout en travaillant et en armant contre nous, M. de Bismarck avait eu le talent de faire prendre sa présence au palais de la Wilhemstrasse pour la plus sûre des garanties de la paix en Europe. Sa brusque disparition va-t-elle compromettre cet état de quiétude relative ? Non. L'événement qui a causé tant d'émoi ne saurait avancer ni retarder d'un jour la date d'une déclaration de guerre. Avec ou sans le chancelier, quand elle croira le moment opportun, l'Allemagne mettra l'Europe en feu. A ce moment psychologique, nos voisins de l'Est auront besoin de M. de Bismarck et alors, s'il vit encore, le grand homme reviendra à la Wilhemstrasse tenir la barre — si bien faite à sa main — du navire de l'État.

Mais est-il bien réellement parti, ce M. de Bismarck qui, comme Fabius le faisait dans un pli de sa toge, tenait à volonté dans sa main ou la paix ou la guerre ? Son départ apothéotique n'a peut-être été qu'un acte de haute comédie. Le personnage a fait une brillante sortie. Oui. On ne le voit plus en scène. Non. Mais n'est-il pas dans la coulisse (1) prêt

---

(1) On lui prête ce propos :

« Les Hohenzollern ont fait la Prusse... mais l'Empire d'Allemagne, c'est moi qui l'ai fait et, de près comme de loin, je veillerai sur lui. »

à faire sa rentrée, une rentrée subite et violente à la manière d'un ouragan

~~~

Mais, dira-t-on, pour que nos voisins de l'Est nous fassent la guerre, il faut que quelque imprudence de notre part ait eu pour effet de crever l'outre des tempêtes. Qu'à cela ne tienne, rien n'est plus facile à déchaîner qu'une tempête entre nations qui ne sympathisent guère et s'observent de longue date. « Innombrables, dit Swift, ils sont innombrables les *casus belli !* » Cela n'est que trop vrai, aux gens qui veulent se battre les raisons ne manquent point.

Quelles sont les plus grosses pommes que la Discorde puisse jeter entre les Allemands et nous ?

~~~

La crise économique qui sévit actuellement en France a, comme chacun sait, pour origine le système des traités de commerce consentis en 1860 et renouvelés en 1880. Cette crise va-t-elle continuer à sévir ou les traités qui l'ont produite seront-ils dénoncés dans un avenir prochain ?

Voilà une question grosse de conséquences incommensurables.

Cette question épineuse implique des difficultés extérieures qui sèment, dans le sillage du navire de l'État, nombre d'écueils au milieu desquels il faudra faire route avec autant de prudence que de résolution. Oui, mais sur les écueils il se fait chaque jour des bris et des naufrages. D'un choc inattendu la guerre peut jaillir.

Que disait hier l'empereur Guillaume à ses fidèles Brandebourgeois ? « L'Allemagne, déclarait le jeune souverain, l'Allemagne a fait de grands progrès. Je « considère comme un devoir de travailler à son « développement matériel, c'est pourqui j'ai *d'abord* « assuré la paix. »

D'ABORD !... on a d'abord assuré la paix pour donner au pays le moyen de faire fortune et, fortune faite, lui permettre d'entreprendre fructueusement quelque guerre de conquêtes. Que les sources du gain pacifique viennent à tarir, comme cela peut arriver en 1892, il ne reste plus à nos voisins de l'Est d'autre industrie lucrative que la guerre, qu'une invasion du riche pays qui fait de si belles Expositions universelles.

Autre source de conflits possibles :

« Quelquefois, observe judicieusement Swift, la guerre provient de la politique des ministres qui veulent donner de l'occupation aux sujets mécontents. » Mécontents!... il y a des sujets allemands qui le sont, à Berlin et dans bien d'autres villes. Dès lors il est possible que l'Empire demande à l'entreprise d'une nouvelle campagne de France un dérivatif aux périls dont la marée montante menace de l'engloutir.

La chose vaut la peine qu'on y regarde de près.

Au dire du gouvernement impérial, les dernières élections, qui ne lui ont guère été favorables (1), se seraient faites sous l'influence d'un *simoun* socialiste, d'un vent empoisonné venu de France. « Le socialisme, lisait-on hier dans la *Gazette de l'Allemagne du Nord*, n'est autre chose qu'une colonie française cherchant à prendre pied dans l'Empire. »

(1) Le résultat des élections se chiffre par 117 partisans du gouvernement et 247 opposants de nuances diverses.

Et, brodant sur ce gros canevas, d'autres feuilles officielles observaient que la fameuse manifestation du 1er mai dernier avait été décidée en séance du *Congrès socialiste international* qui s'est tenu à Paris pendant l'Exposition (1). Et les amis du pouvoir faisaient remarquer aux conservateurs que les socialistes allemands ne s'inspirent que d'odieux exemples donnés par les socialistes français avec lesquels ils sont en relation constante (2). Et les principaux chefs du parti militaire criaient sus à la France. Et les comparses faisaient chorus : « Oui,

(1) Ouvert à Paris, salle Pétrelle, le 14 juillet 1889, le *Congrès socialiste international* n'avait pas réuni moins de *trois cent soixante-dix-huit* délégués, dont *quatre-vingt-deux* allemands, et parmi ceux-ci *onze* députés au Reichstag, savoir: MM. A. Bebel, Dietz, Frohme, Grillenberger, Hann, Kuhn, W. Liebknecht, Meister, Sabor, Schumacher, Singer.

(2) A l'appui de leur dire, les feuilles allemandes ont publié cette lettre récemment adressée à des socialistes français par M. Liebknecht, député au Reichstag :

« Borslorf-Leipzig, le 15 mars 1890.

« Au nom de nos amis d'Allemagne, je vous remercie de vos félicitations chaleureuses. Vous avez raison de vous réjouir de notre victoire. *Nos luttes et nos triomphes sont les vôtres;* soyez sûrs que nous avons conscience des devoirs que le 20 février nous impose.

« Vous allez célébrer le 18 Mars. Nous aussi. Le 18 Mars est une date commune aux Français et aux Allemands : le 18 mars 1848, soulèvement du peuple de Berlin ; le 18 mars 1871, soulèvement du peuple de Paris. En célébrant ensemble cette date glorieuse (!) — date internationale et date franco-allemande par excellence — nous célébrons le pacte d'alliance que nous avons

oui, sus à la France, à l'hydre dont le souffle impur pourrait contaminer l'honnête Allemagne ! Allons, poussons droit au monstre ! écrasons-le dans son antre ! »

Ne voilà-t-il pas un *casus belli* tout trouvé ?

Ce *casus* s'offre d'autant plus facilement à l'esprit des hommes d'État de l'Allemagne qu'ils savent combien leurs socialistes ont peur de la guerre. La « guerre, avouait il n'y a pas longtemps M. Lieb-« knecht, la guerre, voilà notre crainte. Cette « guerre, où le socialisme aurait tout à perdre, nous « devons tout faire pour l'éviter. (1) »

~~~~

conclu, le 14 juillet de l'année dernière, dans le grand Paris de la Révolution.

« Dites bien à nos frères de France que nos cœurs sont avec eux et qu'avec eux nous poursuivons à outrance la lutte contre ces communs ennemis : le *Capitalisme*, le *Despotisme* et le *Chauvinisme*.

» LIEBKNECHT. »

(1) On se rappelle que, le 20 février dernier, à l'heure même du scrutin pour les élections au Reichstag, l'empereur d'Allemagne a commandé de service ou plutôt, comme on dit, *alarmé* toutes les troupes tenant garnison dans la capitale de l'Empire.

D'aucuns ont vu dans ce déploiement de forces une grande démonstration destinée à intimider la population de Berlin, à exercer sur l'esprit des électeurs une pression salutaire. D'autres, qui nous semblent mieux avisés, donnent à cette prise d'armes

Mais est-il besoin d'un prétexte et la guerre ne peut-elle éclater sans déclaration préalable? Que l'influence du parti militaire soit un instant prépondérante et, sur-le-champ, sans seulement se donner la peine de nous chercher querelle, les Allemands pénètrent *ex abrupto* chez nous.

Ils entrent..... et, à moins de les recevoir en amis, de festoyer en leur honneur, il faut bien que nous fassions obstacle aux pointes de leurs premiers uhlans. Quelques coups de fusil s'échangent... ...la guerre est allumée...

C'est bien simple.

~~~

Notre situation est grave. Elle implique le danger d'une attaque de nos voisins de l'Est, danger immanent, fatal et d'autant plus menaçant que le baromètre gouvernemental est toujours au variable. Actuellement, il n'est bruit dans les cercles militaires allemands que de l'apparition d'une brochure dont ce titre significatif indique suffisamment l'esprit et les tendances : *Comment attaquerons-*

une signification belliqueuse et inclinent à l'idée d'en faire un prélude de guerre, d'une guerre qui ne serait nullement du goût des socialistes allemands.

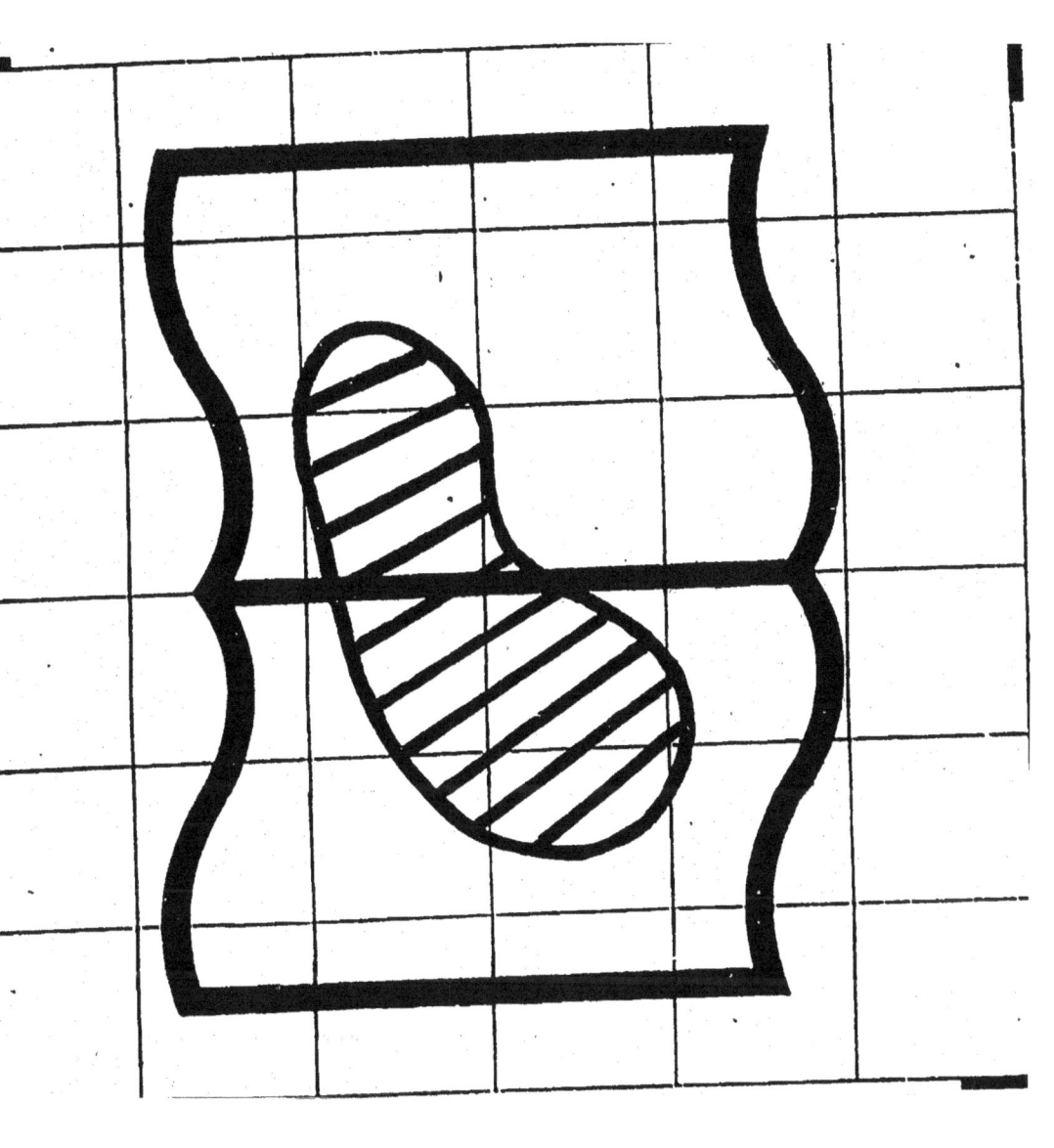

nous lors de la prochaine guerre? On voit que, chez nos adveraires, il est bien convenu qu'on attaquera.

Une autre brochure, dont M. Jœglé vient de nous donner la traduction est nettement intitulée : LA GUERRE IMMINENTE.

Il est donc bien réellement imminent, le danger d'invasion.

Au moment où nous écrivons ces dernières lignes, un article de la *Gazette de Cologne* attire notre attention. « Aujourd'hui, y est-il dit, des troupes-frontières perdent toute espèce de valeur si elles ne sont pas en mesure de partir, munies de tout ce qui leur est nécessaire, *trois heures après la réception de leur ordre de départ.*

« L'armée allemande a besoin d'une sécurité complète à l'heure de sa mobilisation et ce sont les troupes-frontières qui doivent la lui donner, cette sécurité. Ces troupes se trouvent d'autant mieux à hauteur de leur mission que leur effectif se rapproche davantage de l'effectif de guerre normal.

« A la frontière, il faut que les batteries d'artillerie et une partie du Train soient maintenues constamment en état de mobilisation : il faut que la cavalerie — hommes et chevaux — soit au complet et prête à partir sur l'heure ; il faut que l'infanterie puisse veiller à la sûreté des limites du territoire national.

« Tel est le but que vise la nouvelle loi militaire.

« L'expérience a démontré que chacune des deux divisions d'infanterie d'un corps d'armée doit être appuyée de six batteries montées ; chaque division de cavalerie indépendante, de deux batteries à cheval ; que l'artillerie *de corps* doit comprendre six batteries ; que chaque corps a besoin d'un bataillon du Train et d'un bataillon de pionniers.

» La nouvelle loi militaire nous permettra de satisfaire à toutes ces conditions. »

Actuellement, il n'y a pas, en Alsace-Lorraine, moins de cent vingt ou cent-vingt-cinq mille hommes et, *trois heures après la réception de leur ordre de départ,* ces troupes-frontières doivent pouvoir se mettre correctement en marche.

Donc, garde à vous, gens de France !...

« Je connais le comte de Bismarck, disait un jour M. Thiers. C'est un homme très supérieur, *mais il dissimule rarement.* »

Rarement, soit.

Le fait acquis, c'est que l'illustre chancelier laisse, *au moins quelquefois,* la Vérité émerger de son puits autrement que toute nue. Or nous estimons qu'il vient de l'affubler, ces jours-ci, d'un travestissement peu rassurant. « Jamais l'Allemagne n'attaquera la France ! » Telle est la déclaration qu'aurait faite à un reporter l'ermite de Friedrichsruhe.

Le mot est-il authentique ? Si oui, nous le trouvons risqué ; nous n'hésitons même pas à proclamer que, énoncé de la bouche d'un homme d'État très supérieur, *mais* qui dissimule rarement, de telles paroles ne nous disent rien qui vaille.

Quelle est cette profession de foi si nouvelle ?

En 1875, tout le monde le sait, l'Allemagne ne s'abstenait guère de démonstrations comminatoires et peu s'en est fallu alors que la guerre n'éclatât.

Or, la campagne dont il s'agit a été menée par M. de Bismarck.

Que signifient donc ces rameaux d'olivier qu'il nous tend aujourd'hui d'une main émue?

Garde à vous, gens de France!

~~~

Faisant un retour oblique vers le passé, M. de Bismarck aurait dévoilé à son interlocuteur les dessous du drame de 1870. « Cette guerre, aurait-
« il dit, *nous était nécessaire*... *Il nous fallait* Stras-
« bourg, Colmar, Mulhouse, c'est-à-dire la vallée
« du Rhin tout entière. Aujourd'hui, vous faire la
« guerre !... Pourquoi ? Nous n'avons plus rien à
« *vous prendre !...* »

Tel n'est point, cependant l'avis de M. de Moltke qui ne croit pas l'appétit de ses compatriotes encore tout à fait apaisé. « On ne fait plus que des
» guerres de peuples, professe-t-il hautement. Les
» éléments qui menacent la paix sont dans les
» peuples, dans les classes malheureuses qui cher-
» chent à améliorer leur situation, dans les efforts
» des races... (1) »

(1) Discours au Reichstag, séance du 14 mai 1890.
L'empereur a publiquement remercié le maréchal de ces frais d'éloquence.

Ces paroles échappées au vieux feld-maréchal pourraient peut-être nous donner une seconde clé d'un événement encore inexpliqué, le sens de la grande démonstration militaire exécutée à Berlin le 20 février dernier, à l'heure des élections. L'empereur Guillaume II n'a-t-il pas voulu dire aux électeurs : « O mes fidèles, votez pour mon gouvernement. Vous le voyez, nous sommes forts. Que ne pouvons-nous entreprendre ? Je vous conduirai, si vous voulez, dans l'ouest, dans un des pays les plus fertiles du monde. De riches provinces, de grandes villes tomberont en votre pouvoir... vous y trouverez honneur, gloire et richesse... votez pour mon gouvernement !... »

Tout est possible, vous ne le savez que trop, gens de France. En tout cas; prenez garde à vous !

Si pacifique qu'il soit, Guillaume II se prépare à la guerre. « Le devoir d'un empereur, a-t-il dit récemment (1), le devoir d'un empereur est de maintenir la paix ; mais si je suis obligé de tirer

---

(1) Discours de Königsberg, 16 mai 1890.

l'épée, j'espère que ceux qui auront troublé la paix goûteront les coups allemands comme on ne l'a pas encore vu depuis cent ans. Je ne laisserai pas toucher à mes provinces de l'Est, et celui qui essaiera de le faire verra que ma force et ma puissance sont *des rochers de bronze.* » (1)

~~~

La Guerre !... M. de Bismarck croit franchement à la guerre. « Ce jeune empereur, aurait-il dit, cet impatient est un terrible ébranleur de piliers. Il aime l'histoire, il veut en faire, il veut la vivre ; mais il ne connaît pas, il ne comprend pas l'esprit des grandes lois des siècles.

« L'empereur n'est ni fou, ni méchant ; il veut le bien, mais il veut trop à la fois. Il met le feu dans trop d'endroits... pour chauffer ceux qui ont froid. Il ne pourra plus arrêter l'incendie. »

~~~

(1) Il paraît que ces derniers mots ont été dits *en français*, à l'adresse de la Russie sans doute.

Et quel incendie, grand Dieu !... Quelle conflagration !!...

« La guerre, disait hier M. de Moltke, la guerre
» pourra durer sept ans, trente ans. Malheur à qui
» allumera l'incendie !... Malheur à qui portera
» l'étincelle sous le baril de poudre !!... »

Garde à vous ! gens de France, garde à vous !...

FIN

TABLE DES CHAPITRES

I

UN LENDEMAIN D'EXPOSITION UNIVERSELLE

L'exposition universelle de 1889. — Un congrès international de la Paix. — Le système de la Confraternité des peuples. — Les adversaires du « parti de la Paix perpétuelle ». — Le Trocadéro, l'esplanade des Invalides et le Champ-de-Mars. — Le Pavillon du Ministère de la Guerre. — Le bon sens du public. — Imminence d'une invasion étrangère. — Causes accélératrices de l'événement fatal. — Exhibition des richesses de la France. — Statistiques allemandes. — Audaces de la presse reptilienne.   1

II

NOS VOISINS DE L'EST

Une brochure du colonel Stoffel. — Nous rendra-t-on jamais l'Alsace et la Lorraine ? — Le cliché des discours de M. de Moltke. — Deux articles du programme politique de Frédéric II. — Projets de conquêtes et d'annexions. — Projet d'absorption de la France. — Le

« Rhin allemand » marié à la « Seine allemande ». — Extrait du carnet de notes d'un voyageur. — Digression ethnologique. — Eléments constitutifs de la race prussienne. — Caractères et instincts de cette race. — Opinions de Frédéric II, de Rostopchine, de Henri Heine, du colonel Stoffel et de M. Thiers. 17

III

PUISSANCE MILITAIRE DE L'EMPIRE D'ALLEMAGNE

Les instructions laissées par Frédéric le Grand. — Une déclaration de M. Von der Goltz. — Prescriptions de l'Empereur Guillaume II à l'effet d'assurer le « maintien de la paix ». — L'Allemagne puissance militaire de premier ordre. — Budget de la guerre. — Effectif de l'armée. — Le nouveau fusil de l'infanterie. — Les chemins de fer stratégiques. — La flotte. — Nouvelles constructions navales. — Un mot de l'Empereur Guillaume II 33

IV

PROPRIÉTÉS STRATÉGIQUES DU TERRITOIRE DE L'ALSACE-LORRAINE

Frontière franco-allemande. — Notre situation par rapport à celle de nos voisins de l'Est. — Leur base d'opérations *en équerre*. — Le « Triangle lorrain ». — Places fortes d'Alsace-Lorraine. — Metz. — Bitche. — Huningue et Neufbrisach. — Strasbourg. — Rastadt et Germersheim. — Communications militaires. — Routes, voies navigables et voies ferrées. — Approvisionnements *sur roues*. — Garnison de la « Terre d'empire ». — Répartition des troupes des XIV°, XV° et XVI° corps à la date du 1ᵉʳ avril 1890. 45

V

APERÇU DE QUELQUES OPÉRATIONS REPTILIENNES

Considérations historiques. — Missions secrètes de 1868. — Moyens d'informations de M. de Goltz. — L'Exposition de 1867. — Investigations du roi de Prusse et de son chancelier. — Opérations secrètes de MM. de Bismarck et de Moltke. — Voyage secret de M. de Moltke (1868). — Les émissaires et les espions de 1870-71. — Organisation actuelle du *Service des renseignements* de nos voisins de l'Est. — Double source de renseignements. — Budget spécial. — Organisation actuelle du service d'espionnage. — Personnel des agents secrets. — Classification et recrutement. — Programme des missions secrètes que ces agents ont à remplir. — Notre loi contre l'espionnage. — La presse reptilienne. — Usines de guerre. — Réseau télégraphique allemand en territoire français. — Centralisation des documents obtenus. 57

VI

MOYENS GÉNÉRAUX DE RÉSISTANCE A L'INVASION ÉTRANGÈRE

Politiques intérieure. — Politique extérieure. — Finances. — Utopies dangereuses. — Convenance d'une stricte application de la Loi relative à la répression de l'espionnage en temps de paix. — Nécessité d'une grande circonspection dans l'établissement de nos relations commerciales. — La litière de tourbe. — Notre budget de la guerre. — Nos effectifs. — Valeur de nos troupes. — Notre corps d'officiers. — Matériel de guerre. — Matériel d'artillerie. 73

VII

BASES RATIONNELLES D'UNE BONNE DÉFENSE NATIONALE

Les contempteurs de l'art de la fortification. — Théorie de Clausewitz. — Le rôle dévolu aux places fortes. — Leurs propriétés stratégiques et tactiques. — Mode d'action *intérieur*. — Mode *extérieur*. — Les places fortes sont les points d'appui les plus solides de l'organisation défensive d'un pays. — En dépit de la puissance d'action des obustorpilles, on peut toujours construire des fortifications permanentes. — Question d'avenir. — Théorie des ouvrages *improvisés*. — Souvenirs du siège de Sébastopol. — Avis de Todtleben. — Camps retranchés *à la Plewna*. — Les *forteresses mobiles* du général Von Sauer. — Les fortifications dites *du moment*. — Les coupoles Schumann *de campagne*. — Ce que M. de Moltke pense de la valeur de ces *Schutzengrabenpanzer*. — Opinion du major Scheibert. — Réfutation du système des places *improvisées*. — Dispositif des forteresses sur l'échiquier du territoire qu'elles sont appelées à défendre. — Places isolées. — Régions fortifiées 89

VIII

THÉORIE GÉNÉRALE DES « RÉGIONS FORTIFIÉES »

Importance de l'action stragétique et tactique d'une région fortifiée. — Faits historiques. — Les *positions centrales* du général de Maureillan. — Le grand *trilatère* Duvivier. — La *région parisienne* du colonel de Laage. — *Positions fortifiées* de Paixhans. — Projet Madelaine. — Extrait d'un mémoire du général de Rivière. — Opinions émises à l'étranger. — Le *bastion stratégique* de Clausewitz. — Les groupes de forteresses du général Willisen. — Les groupes du colonel de Geldern. — Les *régions fortifiées* du général Brialmont. — Propriétés générales. — Situation. — Étendue. — Nombre de places composantes. — Organisation d'une région. — Forteresse principale. — Places d'appui. — Communications. — Garnison normale. — Approvisionnements. 105

IX

APPLICATION DU SYSTÈME BRIALMONT A LA DÉFENSE DU TERRITOIRE FRANÇAIS

Plan d'études du général Brialmont. — Frontière du Nord ou de Belgique. — Quadrilatère du nord. — Frontière de l'Est ou d'Allemagne. — Région Toul. — Région Dijon. — Frontière du Sud-Est ou d'Italie. — Région Lyon. — Frontière du Sud ou d'Espagne. — Région

Toulouse. — Frontières maritimes. — Régions Le Mans.
— Réduit de la défense du territoire national. — Région
Paris. — Résumé. — Position Reims-Laon. — Places inté-
rieures. — Système Orléans-Nevers-Autun. 121

X

PRINCIPES DE NOTRE NOUVELLE ORGANISATION DÉFENSIVE

Tracé des frontières de la France. — Nécessité d'une réorganisation défensive après la guerre de 1870-71. — Principes qui ont présidé à l'accomplissement de cette œuvre.
— Groupes de places ou « régions fortifiées ». — Théâtres
secondaires d'opérations. — Les explosifs. — Économie
générale de nos nouveaux ouvrages. — Matériaux de
construction. — Le béton. — Les coupoles métalliques.
— Tour des frontières de la France. — Superbes Pyrénées 135

XI

FRONTIÈRE BELGE

Limites de notre frontière du Nord. — Section maritime. —
Groupe *Dunkerque-Bergues Gravelines*. — Saillant de la
frontière. — *Lille*. — Régions d'Entre Escaut et Sambre.
— Groupe *Maubeuge-Le-Quesnoy*. — *Valenciennes*. —
Fort d'arrêt d'*Hirson*. — *Rocroy*. — La trouée de Chi-
may. — Groupe *Laon-La Fère* 143

XII

CONFINS D'ALLEMAGNE

Funestes conséquences de la perte que nous avons faite
de l'Alsace et de la Lorraine. — Système de fermeture de
la brèche ouverte sur notre flanc. — Les *Côtes de Meuse*
et la *trouée de Vigneulles*. — Rideau défensif tendu de
Verdun à Toul. — Réorganisation de ces deux places. —
Le contrefort de Servance. — Les Faucilles. — Rideau

défensif tendu d'Epinal à Belfort. — Tête-de-pont d'Epinal. — Extension des défenses de Belfort 147

XIII

FRONTIÈRE SUISSE

Appui que la place de Belfort prête à notre frontière. — Le massif du Jura. — Région *des vallées*. — Région *des plateaux*. — Le fort de Morteau. — Nouveaux ouvrages de Pontarlier. — Réorganisation de Besançon. — Importance de l'action de cette place 155

XIV

CONFINS D'ITALIE

Routes et chemins de fer des Alpes. — Le Petit Saint-Bernard. — Le Mont-Cenis. — Le Mont-Genèvre. — Défenses des vallées de l'Isère, de l'Arc et de la Durance. — Réseau de communications transversales. — Réorganisation de la place de Grenoble. — L'Argentière. — Remaniement des ouvrages de Tournoux et de Saint-Vincent. — Nice et les Alpes-Maritimes. — La Corniche. — Ouvrages du contrefort de Lenza. — Occupation de la *Tête-de-Chien*. — Le col de Tende. — Occupation du Barbonnet. — Action de la place de Toulon. — Rôle et réorganisation du champ retranché de Lyon 159

XV

NOTRE SECONDE LIGNE DE DÉFENSE EN CAS D'INVASION

Théâtre probable des opérations principales d'une guerre d'invasion. — Opérations d'ordre secondaire. — Défenses intérieures. — Tracé de notre seconde ligne de résistance. — Position Laon-La Fère — Le Morvan et la Côte-d'Or. — Positions Intermédiaires. — La Fère. — Laon. — La forêt de Saint-Gobain. — Reims. — Eper-

nay. — Nogent-sur-Seine. — Langres. — Le massif du
Morvan. — Dijon. — Résumé 169

XVI

LA RÉGION DE PARIS

Convenance de fortifier la capitale d'un pays. — Opinion
de Napoléon. — Importance stratégique du site de Paris.
— L'enceinte et les anciens forts détachés. — La loi de
1874. — Les nouveaux forts. — Camp retranché du
Sud. 179

XVII

NOS FRONTIÈRES MARITIMES

Forces navales de la Tripe Alliance. — Moyens de défense
d'un littoral. — Points d'attaque probables. — Réorganisation des défenses de nos ports militaires. — Cherbourg. — Brest. — Lorient. — Rochefort. — Toulon. —
Ports de commerce. — Iles et plages de débarquement. 183

XVIII

PHILOSOPHIE DE LA NEUTRALITÉ

Les neutres. — Définition de la neutralité. — La foi des
traités consentis. — Les garanties diplomatiques. —
Neutralité *désarmée*. — Neutralité *armée*. — Le droit de
passage. — Le passage *innocent*. — Fin d'une longue
plaisanterie. 193

XIX

LA BELGIQUE

Un champ de bataille traditionnel. — Les grands chemins
d'invasion de la France. — Les Allemands en Belgique.
— Les Belges pourront-ils défendre leur neutralité ? —
Le voudront-ils ? — Affinité des races belge et germaine.

— Préparatifs d'inféodation. — Tendances du gouvernement de S. M. le roi Léopold II. — Connivence avec l'Allemagne. — Traité *secret* dont l'Angleterre prétend savoir les clauses. — Le *seuil teuto-celtique*. — L'avenir de la Belgique. 201

XX

LA SUISSE

Considérations ethnographiques. — Site et conditions orohydrographiques de la Suisse. — Importance du pays au point de vue de la conduite des opérations stratégiques. — Les Suisses entendent défendre leur neutralité. — Refonte de leurs institutions militaires. — Loi du 13 novembre 1874. — Effectif de l'armée fédérale. — Routes d'invasion des forces de la Triple Alliance. — Invasion *pacifique* de l'Allemagne. 211

XXI

QUESTIONS D'ALLIANCES

La « Triple Alliance. » — Idée d'une alliance franco-allemande. — Désirs non dissimulés et invites de nos voisins de l'Est. — Conséquences merveilleuses d'une franche réalisation de l'alliance proposée. — Dires de la presse allemande. — Opinion de quelques-uns de nos compatriotes. — Le colonel Stoffel et M. Barthélemy Saint-Hilaire. — Une telle alliance a-t-elle été jamais possible et l'est-elle aujourd'hui ? — Dangers à courir. — Honnêtes maximes de Frédéric-le-Grand. — Adversaires et partisans d'une alliance franco-russe. — Question de sympathie et d'affinités. — Question de gratitude. — Étude sérieuse de la solution à intervenir. — Fautes politiques du gouvernement allemand. — Sentiment de l'Europe. — Nos intérêts dans la Méditerranée. — Intérêts bien entendus des deux puissances contractantes. — L'alliance franco-russe est possible. — Fatalement elle se réalisera. — Une nouvelle Triple et même Quadruple Alliance 225

XXII

COUP DE SONDE DANS L'INCONNU

L'empereur Guillaume II. — Quelques traits de son caractère insaisissable. — Manifestation de ses intentions pacifiques. — Nouveaux armements allemands nécessaires au *maintien de la paix*. — Conséquences de la retraite de M. de Bismarck. — Eventualité de sa rentrée en scène. — *Casus belli*. — Dénonciation des traités de commerce consentis. — Dérivatif aux agissements socialistes. — Attaque « ex abrupto » possible. — Gravité de la situation. — Garde à vous ! 253

Emile Colin — Imprimerie de Lagny.

www.ingramcontent.com/pod-product-compliance
Lightning Source LLC
Chambersburg PA
CBHW070744170426
43200CB00007B/639